韋駄天女将のお出かけ記

韋駄天女将のお出かけ記＊目次

韋駄天女将のお出かけ記

平成二十六年四月　都をどりの知子ちゃん

前略、毎度おおきに。

先日高島屋で、都をどりのポスター展があったんどすけど、右下の昭和三十年のは、堂本印象の絵で、作詞吉井勇、監修谷崎潤一郎どした。

その頃は子役の出る場面がかならずあり、私も出させてもろてたんで、アルバムを探してみたんどすけど、昭和三十年は見当らず、昭和二十九年が左上の写真どした。半世紀以上前の可愛い知子ちゃん（右から一人目）を、見とうくれやす。

そんな都をどりも、例年通り四月に開かれます。今年もどうぞ、お出かけやしとうくれやす。

都をどり
都をどり

平成二十六年三月　鹿島神社

毎日忙しく過ごさせてもろてますにゃけど、お休みはもっと忙しおすねん。ちょっと聞いとうくれやす。三月九日は第二日曜で、祇園は公休日どした。始発の次の新幹線で東京へ。八重洲南口から高速バスで、ディズニーランドを遠目に見ながら鹿島神宮へ。知らんと行ったんどすけど、ちょうどお祭りやって（左の写真の様に）背中にお面ぶら下げて、カラフルな衣装でのリズム感ある踊りを、見せてもらいました、大きな森の神域の入り口で。次に水戸に出て、偕楽園の梅を見ようと思ったんどすけど、まだまだ蕾で、三分どころか二分どっしゃろか、見に来たはる人の方が多うて。第三の目的地は板谷波山（陶芸）記念館やったんで、ＪＲでちんたらちんたら、下館にやっと着いたと思ったら、十点ある作品のうち七点が出光美術館に出張で、長年行って見たいと思っていた所だけに、力が抜けてしまいました。

帰りは小山《おやま》から東北新幹線に、東京で乗り換えて二十二時二十分に、京都駅に辿り着きました。

結果的に通りましたのが十県、降り立ったのは四県。自分でもすごーいと思いましたし、有効な一日どした。
通りました十県、降り立った四県わからはりますか？
クイズどっせ。そやけど読んどうくれやして、おおおきに。

平成二十六年四月　章乃《ふみの》の舞妓最後の都をどり

今年は梅から桜へのタッチが、す早おした。

その桜も一斉に咲いて…

京の春を彩った都をどりも、一ヶ月の幕を惜しまれつつ下ろしました。

うちの三人の舞妓のうち章乃は、秋には襟替えしますので、舞妓での最後の都をどりやったんどす。

総踊り（水色の着物の踊り子）、雪兎を持って出てくる舞妓姿の日、小鼓の日があり、空番も五日しかあらしまへんどした。

そのうち一日はお茶席のお控えで、夜はいつも通りのお座敷と大忙しの四月は、花吹雪と共に過ぎ去って行きました。

只今、舞妓はゴールデンウィークの里帰り中、七日より平常通り働かせてもらいます。

新緑の季節、うちの若葉舞妓達に、輝く活躍の場をお与えやしとうくれやす。そして新進の料理屋も、どうぞよろしいおたの申し上げます。

平成二十六年五月　おたより藤

この五月は、二回歩こう会に行きましたえ。

花背峠から小野谷峠と、滋賀県栃ノ木峠から音波山《おとなみやま》どす。

心まで澄むような浅緑《さみどり》と、目を射るような新緑、後のコースは若狭湾や雪をかぶった白山も、遠くに見えました。

今年も約半分過ぎました。三月には道成寺に連れてもらい、その直後、南座で菊之助の京鹿子娘道成寺を見ました。

ゴールデンウィーク、奈良の万葉植物園で、藤と白藤を目にし、一月の松竹座での玉三郎、七之助の藤娘のあで姿を、重ね合せました。

又、北斎展で浮世絵の富士を観賞した後、ぐるり富士山のバスツアーで、絵でない堂々たる富士山と対峙し、最後は赤富士の湯で、タイルではない本物の富士山を眺めながら「いい湯だなぁ」をしました。

組み合せで見せていただくと、楽しみが倍々ゲームになるようどす。

忙しい日々の合間、次はどこに出かけようかと考える折、実際に行き先で違う空気に触れますと、身体がご破算で願いましては状態になり、新しい事を考え実行する力が、沸いてくるようでございます。

梅雨に入りますまでの貴重な爽やかな時期が、もう少し長く続いてくれたら良いのにと思いますのは、私だけどっしゃろか。

平成二十六年五月　有岡城

銀真珠有岡城の萩の上

雨上りの萩に宿る雫は、ほんまにきれいで、見入っているといとおしさが、こみ上って来るようどした。

この有岡城は、荒木村重が城主の時、黒田官兵衛が幽閉されたとこで、某紙にJR伊丹駅の横という記事が載りましたので、辿り着く事ができました。

大河ドラマでは、少し前に官兵衛は救い出されて、ほっとしました。荒木村重の一族は悲しい最期どしたけど、それでも本人は西走して、尾道で入道し、信長の死後、堺に移り、その地で亡くなったと知り、へーと思った事でした。

その後、別所長治の三木城・小野の浄土寺・加古川の鶴林寺にまいりました。

浄土寺は紫陽花、鶴林寺は沙羅、花は季節の印象を刻みます。

早苗が整列する田んぼを縫いつつ、帰路についたんどすけど、そういえば大昔（二十代）宮本百合子の『播州平野』という本を読んだことがあるなぁと、思い出しました。

もう一冊は、女性名の題名やったと思うのどすけど、浮かばしまへん。『真知子』は、
野上弥生子やし。
そんなこんなで歴史散歩の一日は、暮れて行きました。

平成二十六年八月　章乃、雀踊に

四十九年ぶりの後祭復活の今年、章乃は花笠巡行に出させてもらいました。四条・寺町・御池・河原町・四条を経て祇園さんに戻り奉納舞「雀踊」がございました。


その日、お神輿さんも、お旅所からお戻りになりました。お帰りやす。

祇園祭と言うと山鉾巡行ばかり報道されて、立派なお神輿さんが三基もありますのに皆さん知らはらしまへん。ちょっと残念なことどす。

祇園の発祥は祇園社の茶屋が、発展して来たものやのに「ここも氏子なん？」てよう言われます。

二十八日の神輿洗い、三十一日の疫神社・茅の輪くぐりで祭月は終わりを告げます。

皆さん、お疲れやす。

熱帯夜ならぬ、熱帯日の続きます八月よ「こんにちは」、早よ「さいなら」言いとおすにゃけど、そう言う訳にはいかしまへんしね。

雀踊

平成二十六年九月　奈良と大文字

リニアライバルの奈良にも大文字があるのを、知っといやすか。京都のように、お精霊《しょらい》さんをお送りするのやのうて、戦没者慰霊なんで、十五日にありますねん。

その前に、春日大社と東大寺を、お参りさせてもらいました。

慶長年間の物もある春日灯籠の影絵が醸し出す時を超えた雰囲気は、やはり素晴らしおす。

東大寺は通路・基壇に万灯籠を積み上げ、観想窓から覗く大仏様はありがたく、近づいて見上げると、一層心が洗われるようどした。

小雨と汗のシャワーで、お風呂上がりのような顔をして、行基さんの噴水のある近鉄奈良駅に辿り着き、帰路につきました。

明くる十六日、京都では記録的な大雨と小雨の中、大文字の送り火が灯りました。
保存会の方々のご苦労に、お精霊さんも感謝して帰られた事どっしゃろ。
以前は大文字で、京の夏の峠を越えたと思いましたけど、今はそうはいかしまへん。
残りや余りどころではないこの暑さ、どうぞ気ィつけてお過ごしやしとうくれやす。
「暑さ」「台風」さいならさいなら、秋風さん、早よ来とうくれやっしゃ。
そやけどお米はしっかり稔ってほしいいし…

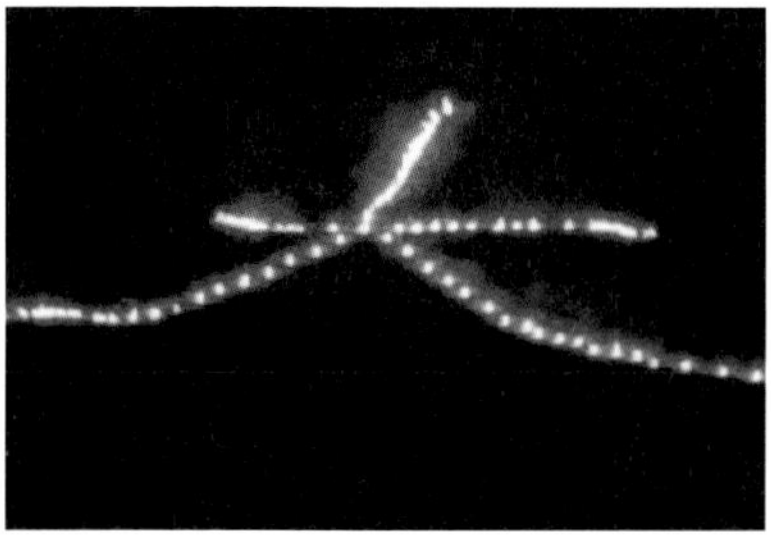

平成二十六年十月　信州上田へ日帰り

真田氏ゆかりの信州上田へは、東京廻り、長野新幹線で四時間で着きますのえ。只今、上田は刈り入れ真っ最中、稔り色と蒼い空、咲きこぼれる萩、可憐なコスモスそれに金木犀の香と、秋を立体で味わいました。

来年の大河ドラマが真田で、賑わう前にと思たんどすけど再来年で、題名は「真田丸」どすにゃて。

タクシーの運転手さんの話では、主役は倍返しの人という事でした。ほんまどっしゃろか。

お城は信之・幸村の父、昌幸が築城し、二代で仙石、次に松平に代わりましたけど。ちなみに仙石氏が、おそばを持って出石に引越しはったんで、出石そばがあるのどすえ。

博物館で、屋根の線の美しい三重の塔のあるお寺が、四ヶ寺ある事がわかり、それを見に走り廻りました。

私やなくて車が走ったのどすけど、八角形の塔もありましたえ。その他にテンプル二ヶ所シュライン一ヶ所を見て、うちの板さんのお友達の料理屋さんで、松茸茶碗蒸しとうなぎ丼をごちそうになり、十八時二十五分帰路につきまして、二十二時半京都駅に降り立ちました。

「韋駄天」知子の日帰り旅行の一席どした。

おおきに。

平成二十六年十一月　大津祭に行っとうくれやす

隣の県の隣町の市、大津のお祭り知っといやすか。

大津祭は天孫神社のお祭りで、曳山十三基が、大津駅と浜大津駅一帯を巡行しはりますねん。

心弾むお囃子や粽投げ、辻々でのからくりはほんまに楽しおす。

えびすさんが跳ねる鯛を釣り上げたり、お多福さんが調子をとったり、桃が割れて西王母が出て来たり…

曳山が祇園祭の鉾より小振りなんで、辻廻しも車輪を持ち上げて、皆でよいしょと動かしたはりました。

鉾の辻廻しを見なれた者にとって、してはる人は大変どっしゃろけど、ついほゝえみたくなる風景どした。

左の写真下は、孔明祈水山の後掛どす。

福の字で又、福という字を形づくってます。

いつもどの山やったかと思ってましたんやけど今度やっと、はっきりわかりました。

こんなんやさかい、来年の十月第二日曜は隣町へお行きやす。
うちのお客さんで街があふれるとこまでは、行かしまへんやろけどね。

平成二十六年十二月　三大山城ってどこどす

近頃、お城巡りが趣味と言う方おいやすけど、三大山城を、知っといやすか。この秋、そのうち二山を踏破しましたんえ。

と言うても、車で上がったんと、半分までバスやったんどすけど、前者は岩村城、後者は備中松山城（高梁市）どす。

岩村ってどこ?という声が聞こえます。私も地図を拡げて…あっ、ありました。岐阜県の東南に位置します。

初めは、源頼朝の家臣が入り、武田、織田、徳川が地図の上で綱引きしたようで、石垣の形や積み方が時代によって違います。石に口があれば、色々な話が聞けたのにと思うのどすけど。

一週間後に行きました備中松山城は、小雨に煙っていました。そやけどここでも一番高いと書いてあり、ビックリ。しばらくして腑に落ちました。

天守閣が残っているうちやそうどす。もう一つのお城わかりますか?

竹田か岐阜か郡上八幡かと、考えましたんやけど、どれも当たってのうて、奈良県の高取城どした。
聞くところによりますと、随分歩きにくいそうで、来年でも挑戦できますにゃろかね
え、無理、無理、無理。
おおきに。

平成二十七年一月　今年もおたの申します

一年で一番夜明けが遅く、日が暮れるのが早い日が、過ぎました。

そして平成二十六年も、暮れようとしております。

この一年、福嶋に、ようこそお越しやしとうくれやして、ほんまに有難うございました。また、お世話になりました方、ほんの少しだけお世話させてもろた方も、おいやしたかもわからしまへん。

取りあえず、おおきに、おおきに、心からお礼申し上げます。

今年は紫乃の見世出し、章乃の衿替え、味ふくしまにお星さんが一つ付きました。

お陰様で福嶋は、順調な一歩を踏み出させてもらう事ができました。

来年は仕込さん（舞妓になる娘）と、味ふくしまに新しい板さんがまいりますので、また新鮮な風を吹かせてくれる事と思います。

一廻り大きくなりました福嶋は「稔り」をテーマに皆様の大小のお声に耳を傾け、充実の年になりますよう努力したいと、存じます。

来たるべき年も福嶋、味ふくしま、章乃、清乃、紫乃をどうぞよろしい、お願い申し上げますと共に、年末のお忙しい折、お風邪など召しませんよう、お気を付けやしとうくれやす。

平成二十六年さん、おおきに、おおきに。

平成二十七年さん、おたの申します。

平成二十七年一月　初日の出は下田で

皆さん、平成二十七年一月一日は、どこでお迎えやした？

私はバスで時計の数字の変わって行くのを、じっと見ていました。

０時０分は愛知県の静岡寄りを、走ってたんどす。

夜行バスは看板が、昼間よりよう見えて島田・金谷・藤枝・岡部・焼津と書いてありました。

ほぉー、東海道五十三次やなぁ…と楽しくなりました。

静岡が一時で、それからうとうとしていましたらガタガタ道になって、伊豆半島の山の中を走ってました。

京都を夜九時出発、明け方四時、下田着。ロープウェイで寝姿山に登り、甘酒、お神酒で暖をとりつつ、日の出を待ち、七時前、日が昇ると思いましたら雲にさえぎられ、七時過ぎ改めて雲の上に、顔を出しました。

少しずつ出てくるのかと思いましたら、初めから丸どしたえ。

初日の出を拝んだ後、伊豆スカイドライブ、芦の湖、三島大社初詣、帰ってきましたら大雪で草津で降ろされました。

草津は東海道・中山道の合流地点やなぁと思いつつＪＲで帰ってまいりました。

二日はゑびすさん、市比賣さん、祇園さんへ地元初詣。

三日は一時間半遅れのくろしおに乗りまして紀州徳川家菩提寺のある海南へ、四日はお掃除・お掃除。

五日からは、素敵なお客様をお待ちする日常にリセット。

そして早や…如月。

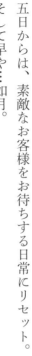

平成二十七年三月　もうすぐ都をどり

弥生三月の声を聞き、都をどりのおけい古がヨーイヤサーと始まりました。
三味線、お囃子に舞いが加わりまして一段と熱が入ります。
お耳に届きまっしゃろか。
どうぞ今年も、足をお運びやしとうくれやす。
紫乃は初舞台、三人三様頑張らせてもらいます。
お茶席は十四日に、章乃が初めて点前をさせて頂き、お控えは紫乃、清乃は十二日に
お控えをつとめます。
皆様に都をどりに行って頂かんと京の春は来いしまへん。
花に誘われ舞いに酔う、いつしか花見小路をそぞろ歩き…
おたの申します。

平成二十七年三月　しまなみ海道を歩いて

今年も早や二回目のお便りどす。

前回は、お正月盛り沢山どした。今回は遡りますけど去年の話を聞いてほしおすねん。

夏に『村上海賊の娘』を読みました。

その場に居合わせたような筆使いにどきどきしながら…

それからしまなみ海道を歩くツアーに、行ったんどす。

因島大橋（二階建）を渡りながら村上吉充さんの島やなぁと思い、主人公のお父さんの島、能島は地図で捜せど見つからず。ガイドさんに教えてもろた島のなんと小さかったこと。

来島大橋は、第三までありました。

橋から見る海峡は、小さい渦潮ができ、岩はくっきり二色になっていました。

たぶん二色は、潮のせいやろなぁと思っていました。次に読みました藤堂高虎の事を書いた本の今治城築城のところに、潮のことが出て来て、あれやと思いました。

本と行ったとこが連動しているのはほんまに楽しく、気分が充実します。

おめでとうさんどすと言いましてからもう二ヶ月経ちました。
春は、名のみではなくなって来ています。
自然界は春への準備を着々、人間は…
何しまひよ、心はちょっと浮き立ちますけどねぇ。

平成二十七年四月　梅だより

梅も桜もしだれはありますけど、梅は意志を秘めているようで、心ひかれます。

十数年前、河内飛鳥（奈良やおへん）の科長《しなが》神社のいもこ（小野）さんのお墓へ行く途中に、塀越しに咲いてたんがいい風情どした。その後、行っても咲いてる時に当たらしまへんねん。

先月初め、津の結城神社に寄せてもらいました。

まっ青な空を背に、数百本の紅白のしだれ梅が、ここぞとばかりに咲き乱れていました。

「お見事」としか言いようがないほど、きれいどした。

私らの帰る頃には、空が泣き出して…

何というタイミング、日頃の行いが…

あの梅も良し、この梅も良しと、頭が梅模様になっていましたら、お客様から梅に縁のある方の神社の、質問を受けました。太宰府天満宮と北野天満宮はどちらが先ですかと、さあーと言いながら大急ぎで調べました。

太宰府天満宮は延喜十九年（九一九年）北野天満宮は天暦元年（九四七年）で、北野天満宮は太宰府天満宮より、二十八年後どした。

都に天変地異がおこり、祟りを鎮める為にと言う事で、遅いのどっしゃろか。

私、いつも思うてますねん、聖徳太子さん、弘法大師さん、菅原道真さんは、何人いはったんやろって。

全国に天神さんが多いのは、少名彦神《すくなひこがみ》を祀った「てんしん」という信仰があり、天神さんが余りに人気があるので、便乗しはったという話を、どこかで聞いた事がありますにゃけどねえ。

平成二十七年五月　熊本

どこへ出かけても、春にもどうぞとばかりに桜が植えられています。そやけどさすがの韋駄天知子も都をどりのある四月だけは、出かけられしまへん。

逆に、桜を迎えに行くのはどうやろと考えて、三月末お座敷に来られるお客さんに、すんまへんさせてもろて、南に向かいました。

ツアーはどういう訳か参加者が五名で、添乗員付きジャンボタクシー、大名気分どしたえ。

熊本の三つのお城、八代城、人吉城、熊本城、市房ダム、青井阿蘇神社、田原《たばる》坂、盛り沢山どっしゃろ、一泊どっせ。

【追記】その後、熊本地震が起こりました。地震後、行きました折は、キャッスルホテルで朝食を取りながら、足場のある天守閣で、作業員の方の動きをじっと見つめておりました。

平成二十七年六月　弘前

台風が暴走族よろしく、列島に沿って走り抜けたと思いましたら、山の緑がグウッと変わりました。

目を移せば水田には、早苗が可愛く居並び、麦畑はこんがり小麦色。今は二色刷の田んぼアートどすね。

五月に台風は来るし、真夏並みの暑さやし、ほんまにどうなってますにゃろね。

皆様体調崩しといしまへんか、お伺い致します。

四月の都をどりが済みますと、ほんまにほっとします。

舞妓・芸妓は里帰り、福嶋・味ふくしまも休みのゴールデンウィーク。そんな時はと言うかそんな時もと言うか、出かけな損々とばかり、当分見られへん弘前城目指しての、東北紀行となりました。

亡き母と初めてカメラを持って行った十五年前、五月五日は紅しだれと普通の桜が咲き乱れ、某公共放送のカメラが入る、最高の日どした。

この季節になると「あのきれいさは、見た者やないとわからへんなぁ」と毎年言っておりました。

今年の五月四日に待ってってくれたのは、八重桜どした。

それはそれで静かに迎えてくれたんどすけど…

この十五年の春の歩みの違いに、日本の温暖化を思ってしまいます。

一泊目の十和田湖に、バスが辿り着く頃にはとっぷり暮れ赤味がかったモノトーンの世界、湖畔の景色と小波が描く動く絵画の素晴しさ今でも目に焼き付いています。

角館では、平福百穂さんの美術館に入りました。

ホールでピアノコンサートをしたはって、絵を見ながら音楽を聞く、眼耳福の福嶋となりました。

五月は十七日も二十四日も出かけたんで、お話ししたいこと一杯あるのどすけど、紙面が無いのでしょがおへん。

十五年前の桜の写真、厚かましおすけど大きくしてあるので見に来とうくれやす。

緑の月の翠の日

平成二十七年七月　徳澤園

六月は梅雨やのに、寄せてもろた二ヶ所共、日頃の精進の賜物か、いいお天気どしたえ。

一ヶ所は新緑の尾瀬、水芭蕉は清楚な白無垢姿で、待っていてくれました。至仏山、燧《ひうち》ヶ岳が沼に映りほんまにいい景色どした、心がすーと洗われました。折り返し地点で食べた半切の三笠（どら焼）の美味しかったこと。

その半月後、上高地に。去年はかっぱ橋の奥の明神池まで、今年はその奥の徳澤園で泊ったんどす。

穂高連峰の裾に近づくと、山の角度が変わります。ここはザイルが切れる事件を、井上靖が『氷壁』という小説にしはったとこやそうどす。

突然、テレビドラマは有馬稲子が出たはったと思い出しました、主役は？？？

携帯で、氷壁テレビと打ちましたら、出て来ま

した。毎朝、某公共放送で見かける中村敦夫でした。ところが監督が、中村敦夫の演技でプロデューサーともめて、降ろされはったんやそうです、へーどすね。

徳澤園は、ええとこどした。夜は星が降るし、お風呂から、雪渓が残る山々が、見えました。

帰りに、かっぱ橋手前の梓川堤で、雄大な景色を見つけ只今、上高地と、何人かにメールしました。

ほんまに、気持よろしおした。

美しい空気が、私の活力タンクを溢れさせました。

どうしまひょ、私にお仕事させてもらわなタンクが納まらしまへん。ご協力おたの申します。

コンチキチンの聞こえ月

平成二十七年八月　佐渡島

お暑おす。できるだけエアコンの中、出かける時は帽子、パラソル、水分補給。そやけど背広でお仕事、ほんまにご苦労さんどす。どうぞ、お身体おいといやして。

秋にすべり込みセーフと、行きたいのどすけど…この連休、高校の地歴クラブ員として訪れた佐渡島に、五十二年振りに渡りました。

憶えているのは黒木御所、五重塔のあるお寺（妙宣寺）、ドライブウェイが未完成で暑いのに歩いたこと。映画「君の名は」撮影現場のつり橋から見た海の碧さと、金山坑道の寒かったこと。

この島は、順徳上皇と日野資朝と、日蓮上人が流されはったとこ。

今回はツアーで行って、私好みの行程ではなかったんで、二日目の朝、お食事をパスして車をたのんで国分寺跡、妙宣寺、順徳上皇陵、根本寺に走って、集合五分前に、三角サンド、コーヒーを買うて、戻って来ました。

この一時間半で満足度がピッと上がった旅どした。

安部龍太郎さんの短編集も一冊読めましたし…

涼風恋しい月

平成二十七年九月　伊予紀行

九月の声を聞きますと、秋風の恋しさがグウッと増します。

夏の疲れ、出といしまへんか、お尋ね申します。

今年も日本列島を、ちょろちょろさせてもらいましたけど、五月に行きました伊予紀行だけ、書く間がなかったので今回はそれを…

松山空港に降りて、宇和島と大洲《おおず》へ。バスで松山から二時間半の宇和島は、なぜか伊達藩どした。政宗の長子秀宗が、大阪夏の陣の後入りました。

お城は藤堂高虎の縄張りで、板島と言うたそうどす。

目の前の湾は、大村益次郎が蒸気船を、走らさはったとこどっせ。

大洲は四十九年前の朝ドラ「おはなはん」のふるさとで、お城の天守閣は明治二十年代に壊されて、十一年前に建てられたとかで、明治中頃の主人公は、見たはりましたやろかねえ。

大洲には臥龍山荘言うて、素晴らしいとこがありました。

道後温泉までお行きやしたら、足を延ばさはったらどうどす。

私もそのうち、もう一度ゆっくり、訪れたいと思てます。

平成二十七年十月　大山崎

新聞で見て心ひかれたルーシー・リーの作品が一部、大山崎山荘にあると聞き、シルバーウィークの一日、出かけてみました。

季節は違いますが「淀川と　春を集めて　難波津へ」の私の古い五七五を、思い出しながら、三方を山に囲まれた京都も、南西のこの地だけ開けています。

木津川・宇治川・桂川が合わさって、大阪湾へ…

三川が合流するのは、ライン川とここだけで、加賀正太郎さんはこの地が気に入って、山荘を建てられたとか。

宇治川・木津川の間は、背割の堤と言うて染井吉野が二キロ咲きます。

山崎の背の山は、天下分け目の天王山どす。

向いの洞ヶ峠で、筒井順慶が、秀吉と光秀のどちらにつくか、日和見をしていたと言われていますが、その時、筒井順慶は大和郡山のお城に居はったと、何かに書いてありました。

西国街道が通り油座もあった山崎、この地にあってこそ、山々も色々な人の生き様と歴史をかいま見たことどっしゃろね。

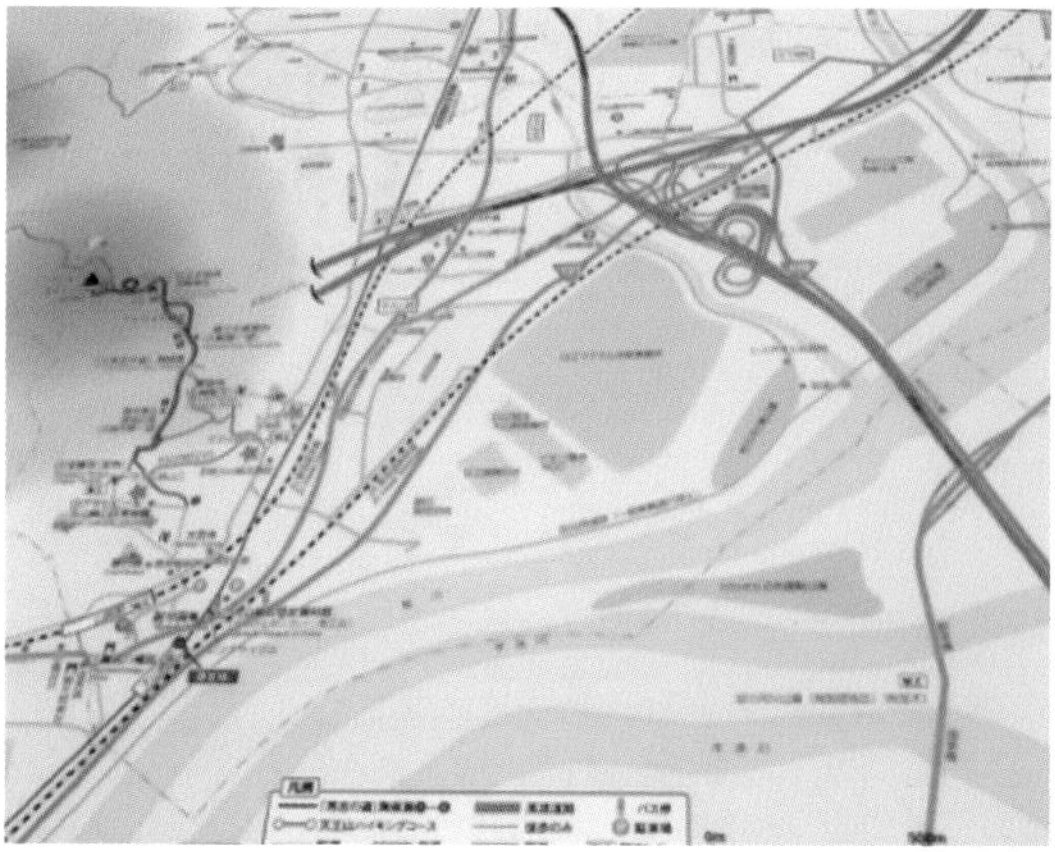

平成二十七年十一月　瑞龍寺と永平寺

平成二十七年も最後の月を、迎えます。今年は私にとって大変な年どした、七月一日に、とあるビルの入口で、大転けにこけたんどす。

斜めのビニールタイルに皆さんが、雨を傘で持って入ってつるつるの上、閉まりかけたエレベーターを開けてくれはったんで、早く乗らなぁとあせって。

その時CTをかけても、どうも無かったんやけど、一ヶ月経ってから毎日数十回上り下りする階段で足をひっかけるわ、着物がうまく着られへんやら、字もおかしくなって、もう一度CTを掛けてもらいましたら、すぐに脳神経外科に行くように言われて、八月十七日手術をしました。前日、病院に戻る折の消えかけた大文字と、燃える左大文字は、脳裏に焼きついています。

足がしっかりしたら、左大文字山に登ってみたいと、思ってますにゃけど。しなあかんと言われてた二回目の手術が改善の兆しが見られると無くなってほんまにほっとしましたし、一〇〇%では無いけれど、良くなってよろしおした。

すると、出かけたい病が頭をもたげて、十一月八日、日帰り遠出をしました。

高岡の瑞龍寺と福井の永平寺へ。帰ってから気が付きました、今、北陸新幹線で賑わう金沢のある石川県は、通っただけやなぁと…月末二十九日は九州へ、麻生大浦荘、秋月、太宰府天満宮等で一泊。

韋駄天知子ちゃんが復活しました。次回からの紀行記、期待しとうくれやす。手紙が一回少ないとか、えらい近場やねぇとか言われましたが、そう言った事情どしたんで、ご了承を。

お師匠さんも、お坊さんも、知子ちゃんも走る月

平成二十七年十二月　宗像大社

平成二十七年最後のお出かけは、福岡の宗像大社どした。

前を通りまして、バスを降りたいと思ってから十五年経ちましたやろか。

宝物は先に一年半前、東京の出光美術館でお目に掛かりましたけど、どれもこれも国宝で、出て来た時は目が丸くなっていました。今回は大変お上等なツアーやけど、どうしても行きとうて、二十二日、勝手休みをしてしまいました。

その日来られたお客様、ほんまにすんまへん。

ところで、宗像大社は天照大神の三人の娘さん（姦しかったかどうか知りまへん）を祀った、三社を宗像大社と言うそうどす。

お伊勢さんの遷宮の材料で建てられたお社もあり、神様の降り立たはる所やなぁと、感じました。

三社のうち二社は大島・沖ノ島にあり、沖ノ島は神官がいはるだけで、一般の者は年に一回二百名上がることはできますが、海で禊ぎをしなあかんとの事どした。

今回は、大島にフェリーで渡り、ジャンボタクシーで津々浦々行けて、沖ノ島も遠くにかすかに、見えました。世界遺産認定に向けて、動いているそうどす。

次の日は博多座で一日しか無い、安倍龍太郎原作の「遣隋使の姫神」という舞台を、見せてもらいました。

宗像海人族の娘と、流された朝鮮の若い僧が主人公で、日韓の友好に願いを込めて、詩吟・バレー・尺八・お琴・太鼓等々市民の芸術パワー、全開どした。

そんなこんなで、素晴らしい一泊で今年がしめくくれました。

年越は、潮岬で初日の出を拝む、予定どす。

お客様に感謝の年の瀬

平成二十八年一月末　初日の出

暖かかったんで忘れてましたけど、やっぱり冬どした。

雪も降って寒おすこと。

平成二十八年も、一ヶ月経ちました。

新しい年はどこでお迎えやした？

私はここ二十年来一回位しか、家に居たことあらしまへんねん。

除夜の鐘は東大寺・方広寺《ほうこくじ》二回、三井寺・泉涌寺・清浄華院・智積院。神社は奈良、京都何ヶ所か、それにびわこホール大晦日コンサート二回等々去年と今年は夜行バスで下田と潮岬どす。

紀伊半島の先端、潮岬で初日の出を待ちました。

日の出の勢いとは良く言ったもので、登って来る燃える太陽は力《りき》があり、見入っているとその力がもらえそうに思えました。

このバスは往きは紀三井寺に寄り、帰りは那智山（那智大社と青岸渡寺）に初詣、二ヶ所の石段計何百段の初運動。

三重・滋賀県廻りで帰ってまいりました。

二日は年賀状書き、三日は京都以外の戎神社、今宮えびす、西宮えびす、堀川えびすに初詣。

地元は初えびすに寄せてもらいましたし、今年は一年中えびす顔で、暮らせそうどす。

そのえびす顔にせいぜい、おさい銭をおたの申します。

おおきに、おおきに。

平成二十八年二月末　山口・防府

今年のバレンタインは第二日曜で、祇園は公休日やさかいチョコレートの売り上げが、ちょっと減りましたやろかねぇと思いながら、西に向って「さくら」に乗っておりました。

車窓の梅・桃を愛でつつ、どこへ行ったと思わはります？

瑠璃光寺の五重塔が見とうて、山口と防府に行きましたんぇ。

なぜ心ひかれるかわかりました。屋根が瓦やのうて桧皮葺なので反りがきれいで、やさしく凛としていました。

三名塔は法隆寺・醍醐寺・それにここやそうで、納得しましたんやけど、興福寺・東寺は、入らしまへんにゃねぇ。

五名塔でもいいと思いますにゃけど。

もう一ヶ所防府は、防府天満宮・周防国分寺、毛利家本邸・庭園・龍福寺（大内館跡）・阿弥陀寺へ、それぞれ訪れる方は少ないようやけど、立派なとこどした。

国分寺に本堂があってびっくり、まさか聖武天皇の頃の建物やあらしまへんやろけど、普通は礎石だけやし、佐渡ヶ島のはあまり小さく少ないので、ほんまやろかと思った事どした。
もう一つ、毛利元就の長男隆元が、大内義隆の養子であった事はへぇーどす。毛利が大内を攻め滅ぼして中国地方の覇者になったとばかり思ってましたもので、その辺りが知りとおすと言うたら、親切なうちのお客様は教えてくれはりますやろか。そのご報告ができます次回を、楽しみに、お待ちやしとうくれやす。

梅から桃へリレーの月

平成二十八年三月　椿のお話

散り椿　地に耳寄せて　春を聴く

数十年前のんどすけど、まさに今。

椿に聴いてみとおすね。春の足音って、どんなん?

そんな事を考えていましたら、急に五色椿のある奈良の白毫寺《びゃくごう》に、足が向きました。

その椿は八重で、白、紅、絞り、それも白地に紅、紅に白、蕾からしっかり咲いているのまで色々、散り方もぽとっやはらはら、椿の一生を一本で、表しているようどした。

そこから北へ向かっててくてく、宅春日神社、鏡神社を過ぎ、新薬師寺の土塀に沿って。梅も桃もほころび、山茱萸、連翹の黄色族も咲き、桜が花のお正月なら、今は花の小正月。鳥も伴走してくれるし、ほんまに楽しいお散歩どした。

ところで京都の椿寺は、北野白梅町近くの地蔵院、そして鹿ヶ谷の霊鑑寺は、非公開やけど日光椿をはじめ、珍しい美しい椿が多おす。梅ヶ畑の平岡八幡宮でも、大木ではなかったけど、椿を見たように思いますえ。
最後に、祇園の舞の流派井上流では、初世井上八千代が近衛家をお家下りする折、「玉椿の八千代まで忘れめ」との言葉を賜ったとの事で、紋ではないのどすけど、衣裳に舞扇にと大切な花として使われております。

花のリレー月

平成二十八年四月　吉田山

京都の町中にはお山が二ヶ所、船岡山と吉田山、一一二メートルと一〇五メートルどす。

三月末の日曜日、吉田山に登山（？）致しました。

友人と百万遍で待ち合せして、まつおで長崎ちゃんぽんを食べて、初めて北側から登りました。大文字の見える見晴し台あり、茂庵を通って、紅もゆるの碑を見て…

吉田山は、北は今出川と南が丸太町、西は東大路、東が白川通の間に位置しますけど、御陵が二ヶ所（陽成と後一条）、神社が二ヶ所吉田神社と宗忠神社（黒住教）、大きなお寺が二ヶ所金戒光明寺（黒谷さん）と真正極楽寺（真如堂）、吉田山荘という料理屋さんもあり別棟でコーヒーも頂けますえ。

年末に九州宗像大社に行きました折、社殿の千木鰹木が吉田神社と一緒という説明を聞き、そうかいなぁという気持ちが、吉田山探索につながりました。

ちょうど桜が咲き始めていた事もあり、気持よろしおした。

秋には、お客様有志と出かけようかしらと、思ったりしております。

ご一緒を希望されます方、ツーシーズンお待ちやしとうくれやす。
知子ガイドに、力強い味方も見つかりましたし…
花から緑へタッチ月

平成二十八年六月　北陸方面

都をどり月の四月は、さすがの私も出かけられしまへんどしたので五月は大いに、ウロウロキョロキョロさせてもらいました。

三日は、本邦最後の静岡のルーシー・リー展（陶芸）を、見る事ができ久能山東照宮へ、足を延ばして小田原城まで、五日は七尾、十五日の高岡行きの為、二回もサンダーバードのお世話になりました。

七尾では、青柏祭《しょうはくさい》、安部龍太郎さんの加賀屋さんでのお話、妙成寺、七尾美術館、千里浜、後で行ったのは五箇山、伏木曳山祭、勝興寺、瑞龍寺どす。

安部龍太郎さんのお話は、もちろんよろしおしたけど、二ヶ所のお祭りはほんまに楽しおした。

写真上が、青柏祭。通称「デカ山」といい、十二メートルあります。

乗っている人形の芝居は、鏡獅子、修善寺物語、桶狭間どした。

テコの応用で、車輪の間に車輪を入れ、車の軸に縄をかけての辻廻し、祇園祭との違いがおもしろうて、必死で見てしまいました。

下のは伏木曳山祭。通称「けんか山」といい、八トンの曳山がぶつかり合う迫力は、すごおした。提灯が三六五個あり、ぶつかって動くたびなおして…回数は、総代さんの手での懸引きで決まり最後は、又来年と握手でおしまいどす。今でも耳に残ってますねん。

イヤサーイヤサー（いや栄える）の声が。

平成二十八年六月　屋久島

ちょうど去年の六月、尾瀬でお目にかかった方に教えてもらいました「屋久島は、今日よりちょっとだけしんどい思いをすれば、縄文杉は無理やけど、それなりに楽しめますよ」と。

へーと思って、一年後実行に。

伊丹で、天候により折り返しますと言われましたけど無事着陸。帰ってから地図を見ますと、九州本島の南は鉄砲伝来とロケットの種子島、その西隣の丸い島が屋久島。黒潮（暖流）の上にあり、何とその小さな島に、九州一高い山がありますにゃて。雨が多く高低差があり、ハイビスカス、椰子の亜熱帯から一m以上の雪が降る冷温帯まで、まるで図鑑どすね。

雨のお蔭で杉が育ち、縄文杉、弥生杉、紀元杉というけれど皆三〇〇〇年で、縄文杉どっせねえ。

小雨を歩くと、長谷川等伯の松林図ならぬ、緑がかった杉林もきれいやったし、滝も水量の多い分、鯉だけでなく水煙も上るのかと思う程やし、音の迫力には、思わず動画を撮ってしまいました。

鹿児島県に警報が出ますと、屋久島はどうやろうなあと、京の空の下で、思てしまいますにゃわあ。

平成二十八年七月　祇園祭

七月の京都は祇園祭一色、そやけど新聞テレビは、十七日の山鉾巡行ばっかりどっせねえ。

立派なお神輿さんも三基あるし、後祭もありますのに。

去年の十七日は雨で、今年は十七、二十四日は日曜日お祭り大好き人間の私は、後祭とお神輿さんの追っかけをしてしまいました。

山鉾は九時半、烏丸御池に集合、先の祭と反対の時計廻り。山と云えども、北観音山、南観音山には車もお囃子もあり、威風堂々、よろしおすえ。

くじ改めは御池寺町で、奉行役と山鉾町の正使の間で行われます。曲って曲ったお旅所では、お神輿さんにお詣りして再巡行。

よう考えれば、十七日は神さまはまだ、祇園さんにおいやすのどすもんね。後祭ならこそどす。

辻廻しは四条新町へ、何十年前はフェンスに座って見られた程でしたのに、今はもう多うて、北と南観音山は北へ、大船鉾は南へ、何回見てもいいもんやし、力強おす。

夜はお神輿さんがお旅所を出はる時、祇園さんの舞殿に納まらはる時を、見せてもらいました。

ハイライトは錦小路を通る錦さん（西御座という神輿）あの細い通りをなんとスムーズに、と思ましたら台車に乗ったはったんどすって、へーどす。

そやけどおもしろおした。

もっとお話ししたいにゃけど紙面が無いし…

一番いい方法…暑おすけど聞きに来とうくれやす。

平成二十八年九月　諏訪湖の花火

この間見た入道雲は力強く光ってて、最後の「おきばりやす」やなぁと思い、その数日後の夜中、オリオンの三つ星を見つけました。

「秋」は忍び寄ると言いますけど、残暑と台風の向こうでタイミングを計って、控えているようどす。

この夏、お盆休みは長おしたけど、大工さんが入ったはった為、諏訪湖の花火と高山に行くツアーに、寄せてもろただけとなりました。

ここの花火、前回は湖畔で、今回は船上で一瞬の美やけど余韻が心に残り、ほんまにきれい！

煙で上の方は見にくく残念どす。祇園の団扇でいっせいにあおいだら、煙はどこか行ってくれへんやろかと、あほな事を考えながら見ていましたら、「今、戦艦ヤマトやね」という友達からのメール。

そういう花火やったんでビックリ、もしかしたら超能力者？

いえいえBSで、したはったんやて、なーんや!!

そやけどお祭と花火は、心弾みますえね。

松本泊りやったんで、朝食と集合時間の間に、車をとばしてお城を見に行きました。

堀にくっきり映って、重い立派なお城どす。

徳川から豊臣に、トラバーユしはった石川数正のお城やなぁ。

戸田という時もあったかいなぁと思い、運転手さんに聞きましたら松平、小笠原の時代もあった、との事でした。

高山では、国分寺を見て、飛騨牛食べて、白桃ジュース飲んでお盆とお膳を買うて、有効な自由行動二時間どした。

一泊二日の間に本一冊『さらばカリスマ』も読めましたし…

平成二十八年十月　金沢おどり

只今、大工さんが入ったはるので、雑巾持ってウロウロの、毎日どす。

そやけど、末の日曜日、金沢おどりを見に、楽しみ兼お勉強に寄せてもらいました。

京都は五花街やけど金沢は三花街（東・西・主計町《かずえまち》）で、その合同公演どす。

合同の素囃子と四季六景、お座敷太鼓とフィナーレの総おどり、日頃のお稽古の成果を、ここぞと頑張ったはりました。

若手が結構いはるのと地方（三味線）さんが揃ったはるのが羨ましおしたけど、後者は本職やったんどすって。

金沢に着いたのが昼、おどりが十六時で、その間いつもの通りキョロキョロ、二十一世紀美術館、兼六園、金沢城へ。

門や長屋が再建されていて、立派で広いこと、徳川家に気を使いながら、これだけのものを建てはった前田家は、すごいの一言。

初代利家さんのお墓に、行ってみたい気分が、つのりました。

ここだけの話、ジパングで切符を買うたら、一万円でおつりがあって、金沢が近こうなりました。そのうち又と思てたら、京都駅に到着。照らされたタワーが「お帰りやす」と声かけてくれて、お出かけの一日が終わりました。

平成二十八年十月　上高地

二年振りの上高地は、抜けるような青空と頂きまでくっきり見える山々が、私を迎えてくれました。

一年前は体調不良で、予約をキャンセルしてしもただけに、来られたことが嬉しいて胸に迫るものがありました。

こんないいとこを、外人さんが見つけてくれはって感謝どすねえ。

紅葉が始まっているやろという、期待ははずれましたけど、穂高の峰々と梓川が描く絵は、それぞれ味わい深く、歩けば動く絵画になりますし、自然の絵具で描く景色は、ほんまにきれいどす。

今回はかっぱ橋から奥へ明神、徳沢、横尾までが目標で、徳澤園に一泊しましたので、一日目は一万六千歩、二日目は横尾往復が加わって二万三千歩。かっぱ橋に戻り、遅い昼食の為に二階に上る時は、手すりにすがってひどい格好どした。

素晴しいお天気やったんで、夜はお星さまも大勢お出ましやろと、期待してましたんやけど、あれっという程少のうて、夜明け前にテラスに出た時には、満天の星が雲の薄いベールににじんでいて、それはそれは幻想的な世界を醸し出してくれ、寒さも忘れて見惚れてしまいました。

上高地は何回寄せてもろても良いとこ、山裾散歩は楽しおす。次回は来年か再来年、新緑か紅葉か。

そやけど、ちょっとは歩けなあきまへんしねぇ、うーん。

平成二十八年十一月　山形

あれー、知子ちゃんが山寺（立石寺《りっしゃくじ》）の千の石段をえっちらおっちら登ったはりますえ、上高地で二万三千歩。歩いた五日後やのに、「すごーい」というヘリコプターからの中継は、あらしまへん。

という訳で、今度は山形へ、山寺、出羽三山というツアーに寄せてもらいました。三山というても、三つのお山に登った訳ではないのどす。月山を眺め、鳥海山はバスが登り、出羽三山神社合祭殿をお詣りさせてもらい、最上川を下りました。船が着きましたとこが酒田、北前船の街であり大火もありましたえね。「夜明けの唄」の岸洋子のふるさとでもありますけど、その唄何？その歌手だれ？と、いわれそうどす。

それに舞妓ならぬ、舞娘がいはるそうで、京都に行かんでもとガイドさんが言わはったんで、それはあかんあかんと、口の中で言うてました。

上高地に行った後は、井上靖の『氷壁』を読み、今回は森敦の『月山・鳥海山』を買うて来ましたけど、読むのはお正月休みになりますやろね。

今年もあっと言う間に、カレンダーがやせ細り、最後の一枚になってしまいました。

師だけでなく、皆の気持も走る月。
くれぐれもお身体に気をつけて、お過ごしやしとうくれやっしゃ。

平成二十八年十二月　暮れのごあいさつ

潮岬で日の出を待ちながら、迎えた新年ももうすぐ、旧年になりますのやねえ。

毎月送らせてもろている手紙も、十二枚目になってしもて。

この一年で、一番印象深いお出かけは、上高地、河童橋の、奥の奥の奥（横尾）に行けたこと。二番目が、九州最高峰宮之浦岳をかかえた、ハイビスカスから雪までの屋久島。そして七尾の青柏祭（でか山）高岡の伏木曳山祭（けんか祭）も、ほんまに楽しいて、心が弾みました。

秋の紅葉は、吉田山で堪能させてもらいました。

お客様有志とご一緒の、十一月十三日は、染まりかけたぼかし模様が美しく、一週間後に、叔母孝行にいとこ夫婦と出かけた折は真っ赤に染まっていて、叔母が運転手さんに「きれいやね、きれいやね」と申しておりました。しばらくは、紅さが目に焼きついて離れしまへんどした。

今年一年、ごひいき賜りまして、おおきに、有がとうございました。

来たるべき年は、お茶屋ホームバー、舞妓、料理屋のトライアングルで福嶋を奏でたいと思います。ご唱和、おたの申します、おおきに。

平成二十九年一月　富士五湖ダイヤモンド

あれっ、いつもより便りが来るのが早おすやろ。

左のように素晴しい初日の出を拝ましてもろたんで、大急ぎで見てほしおしたん。

新しい年は東へ向うバスの中、目差すは富士五湖の本栖湖。富士山から昇る初日の出と、池に映るのとを見るダブルダイヤモンドを、見に行ったんどす。

いいお天気でよろしおした。私の日頃の行いが…

現地に着いて寒いとこで二時間待ちして、待望のお日さまは八時過ぎ富士山山頂の右寄りに出て来ました。

出ますと「日の出の勢い」そのままツーと早う昇ります。まぶしいのと熱気がものすごうてカーとなり、写真なんてとても無理やと思いながら、撮っていましたらなーんと写ってますやん、嬉しおした。

熱気に一年分のエネルギーをもらいました。

上手に使うて過ごそうと思てます。

お日さんおおきに、ほんまに感謝してますえ。

恥ずかしがり屋のお日さまは、姿は見せず西空を茜に染めて去って行きました。
夜の帳が下りましたら宵の明星が瞬き、それを受けるように鎌型の三日月が浮かんで
一年の始まりは、心に残るいい日どした。
今もその余韻が…

平成二十九年二月　北海道

雪まつりを見に一っ跳び、スーパーウーマンやないので飛行機が…冬の北海道は初めてで、どんなに寒いやろか、滑って歩きにくいかと心配していましたら、使い捨てカイロのお世話になる事もなく、山裾歩きの靴で歩けました。

私の目当ては、昨年の五月、工事現場を見せてもろた奈良、興福寺の中金堂。二、三年前から、雪像に色を掛けはるようになったとかで、えらくハイカラなお堂どしたけど、精巧にできてました。

平成三十年、中金堂完成の暁には、見比べるのが楽しみどす。

左の上、雪像。中・完成予定のポスター。下・只今の現場。他の大きな雪像は、凱旋門、スターウォーズ、市民が作らはった可愛い雪像群。その中には、ピコ太郎もありましたえ。

次の日は、小樽・余市・登別泊、支笏湖ブルーアイスの彫刻も見ました。

札幌でうにコース、小樽でお寿司とフォアグラをしてしもて、帰って鏡を覗きましたら、案の定、顔が丸うなってました。

それでもいいのでもう一度、ウニグラタンが食べとおす。
何時になりますやろうね。

平成二十九年三月　大分

都をどり（今年は、場所・回数・期間みな違います）期間中はややこしいので、三月末のお休みは、特に?出かけとうなりますねん。

今回は、黒田官兵衛の福岡の前のお城、中津と日田へ。中津は、小倉から快速で二つ目、お城へは歩いて行けます。

黒田氏の後は、細川・小笠原・奥平で幕末まで、奥平は家康の婿殿どす。

福沢諭吉の生家もあり、他にも明治の偉い方も輩出していますし、寺町風の立派なお寺も沢山あったんどすけど、
私が行って見たいと思たんは、薦《こも》神社で、門は神門と言い神様だけが通らはるらしく、本殿と並んでしまへんどした。

日田へは耶馬渓を通るバスがあり、嬉

しい事に、乗客は私一人、ビューンビューンと走りました。

日田は、ミネラルウォーターでご存じのように天領で、遷都一二〇〇年（一九九四年）全国の祇園祭の山車が、石段下に勢揃いした時、日田のは一際高く、人形が落ちそうになっていたのが印象深こお覚えています。

毎年作り替えんならんのと、担ぎ手が少のうて大変やと、言うたはりました。

お祭りは、七月末にあるそうで、そのうち絶対見に行きたいと思いつつ、ゆふいんの森号で福岡に戻り、香椎宮をお詣りし、いとしの京都に帰ってまいりました。

平成二十九年五月　吉野桜

今年の桜は遅うて、よそから来はった方が「満開とは思わなかったけど、全然咲いてない」と残念がってはりましたのが、私も残念どした。

そやけどその後、京の街はぱぁーと桜一色に染まりました。

咲く風情は梅もよろしおすけど、華やぎは、桜に勝るものは、あらしまへんね。

私は今年、どうしても吉野の桜が見とうて、四月十三日朝七時の近鉄に乗り込みました。特急券は売り切れ、中千本から上千本へのマイクロバスは、週日やのに四十分待ち、人が多おした。

それでもやっぱり吉野の桜は、格が違います。

二百種、三万本、山桜やので葉も出てて、混ざり具合が上品で、ほんまにきれいどす。

修験道の山やけど、歴史の舞台に壬申の乱、義経の頃、後醍醐天皇の頃と、何度も出て来ます。

神武天皇は、八咫烏に導かれて、どのような道で大和に入られたんどっしゃろね。もう一度御陵に行って、お聞きしなあきまへんね。

市内の桜は、吉田山の竹中稲荷、真如堂、将軍塚、平安神宮で見せてもらいました。舞妓の蕾、木乃実《このみ》ちゃんと一緒に来たる平成三十年の桜と、うちの舞妓の開花を、今から楽しみにしています。皆様も乞うご期待。

平成二十九年六月　北海道

この歳？になりますと、半世紀振りに訪ねるとこも出てまいります。

Gウィーク、稚内に飛び、利尻礼文へ、大学三回生の夏以来どす。

その時泊まった稚内のユースが十六年振りの暑さで、寝られへんだ事を憶えています。

利尻島、礼文島は、アイヌ語で高い島、沖の島という意味やそうでこの時期、桜の蕾は固く、咲くのに十日程かかるとか、他の花々も八月までに一斉に咲くそうで、北海道でも南と北では大違い。

礼文は山に樹木がほとんど無く、草原のようで、利尻は、一七〇〇メートルの山を中心に丸く、昨年行きました屋久島を思い起こしました。

屋久島では、地図に時計のように針をつけて、今の位置は何時何十分と説明してくれはって、ようわかったのでここでもそうしてくれはったらいいのにと、思いました。

海岸線は力強く、海の色も藍色で、白い波頭が寄せて砕ける様は見飽きることがあらしまへんどしたし、何か語りかけているようにも思えました。

人生の折り返し地点がどんどん遠のく今、もう一度この地へ旅するのは、難しいなぁと思いながら、頭の違うところでは、次はどこへ行こうかと思いつつ、飛行機、新幹線を乗り継いで三日ではございますが、留守したなつかしの我が家へ、皆様をお迎えすることのできる我が家へ。返事はないけど「ただいま」致しました。

平成二十九年七月　お茶摘み

臨済宗の開祖栄西さんが、宋からお戻りやした時、お茶を持ち帰らはりました。降り立たれた博多で、建てられたのが聖福寺。都に上って建てられたのが、建仁寺どす。福嶋はじめ、四条より南のお茶屋は、その建仁寺の跡地に建ってますねん。うちの庭は、塔頭の一部やろうし、周りはどんなお堂が、あったんどっしゃろね。

お茶と言えば宇治茶どすけど、宇治は住宅地になってしもて南の宇治田原、その南の和束町はじめ、京都府南部で作られてます。

八十八夜が過ぎた五月二十一日、お客様有志と和束町に寄せて頂き、茶摘み体験までさせてもらいましたえ。

目にはどこまでも続く茶畑模様、鼻は製茶工場でのかぐわしい香り、耳には澄んだ鳥の声、立体で楽しめました。

歴史的には、聖武天皇時代の恭仁京《くに》、その上の国分寺跡、聖武天皇の息子さん安積《あさか》親王陵、小ぶりな国宝五重塔の海住山寺、帰りに寄りました蟹満寺、城陽の昔の宿場町。長池でのお食事、帰りの電車は、ちょっと早いお休みやす状態で、うつらうつら祇園四条という声に慌てて降りました。
皐月の抹茶色のいい一日が暮れて行きました。

平成二十九年八月　東京

家康さんの縁の岡崎・浜松の次に、寄せてもろたんは徳川二六五年の江戸城（千代田城）のある東京どした。

お城を見に行ったんやのうて（もちろん入れしまへんけど）、隅田川の花火を、見に行ったんどす。花火にもそれぞれ事情があって、首都のど真中を流れる川やので、大きいのは無理との事。

私が見せてもろた、駒形どぜうさんの三階は、道路を隔てて小さなビルが二層、その向こうが川やので、ドカンドカンとその臨場感のすごいこと。

雨の中キャップとレインコート姿で必死に見てました、消え行く美どす。

参加したこのツアーは、お上等で玉八さんと言う幇間さんが来てくれはって、声色《こわいろ》、都々逸《どどいつ》、新内ちょっと柔かい芸を、見せてくれはりました。そやけどどう言うてもこの方の真髄は、新内やなぁと思う位、お上手どした。

明くる日は、江戸東京博物館・山種美術館（川端龍子）、銀座のＧＳＩＸ・東京駅のギャラリーで不染鉄展を見て十九時五分に京都駅着、二十一時にはお座敷にお客様を

お迎えしました。これをお読みやした方は、ああしんどと言わはったと思いますけど、
私はぜーんぜん余裕、余裕…
又、出かけられて良ろしおした。

平成二十九年九月　尾瀬

某新聞、何でもランキング一位、尾瀬の草紅葉《くさもみじ》見ましたえ。

前日は檜枝岐《ひのえまた》温泉、人口六百人の村に歌舞伎があり、石段の観覧席に、千人来られるとか。

あくる日は、沼田峠から大江湿原へ、お日さまのご機嫌麗しく。

風になびく「草原の輝き」は、黄と黄金の縞ベルベット。

きれいや、きれいやと言いながら、木道を歩きました。

沼は空を映して、真っ青、燧ヶ岳《ひうち》も影を落として、前回お山へ行ったのはお盆休みの白馬どす。

一日目は五竜、二日目は栂《つが》池、三日目は八方池へ。ガイドさんが言わはるには、今年三、四ヶ月の間に山が見えたのは、四、五日やそうで、その分高山植物の可愛さが、心に沁みました。

登れへんやろうと思てた池まで行けて、一生懸命下りて来た私のご褒美のように待っていてくれたのは、露を一杯溜めた左の花どした。

けなげで可愛くその一輪が今も、目に焼き付いてます。
ハクサンタイゲキと言う名前やと、尾瀬で買うた図鑑で知りました。

平成二十九年十月　川越

電車やバスに乗りましたら、景色を見るか、本を読むか、居眠りするかの、三態どす。秋の車窓が、近頃何か寂しおすねん。それはたぶん黄色のうちに、コンバインのお世話になって「実る程　頭を垂れる　稲穂かな」までに、姿を消してしまう。心豊かにしてくれる、黄金色はどこに行ったん？と思いながら出かけたのは、埼玉の川越どした。数年前古い家並を歩いてまして、ウインドウに山車《だし》のミニュチュアを見つけ、これは絶対立派なお祭りやと、確信しました。

調べましたら、十月十五日十一時十五分、市役所前に十何基が並ぶとか、それを目当てに、七時の新幹線で出発して着きましたんやけど、あいにくの雨。

市所有の一基だけ、ぽつんとありました。

何基かは町で、おかめ、ひょっとこと、狐がお囃子で舞うてました。

獅子頭もありましたえ。街には残念の傘が、花開いてました。

東京に戻り一泊し、次の日はサントリー美術館へ、狩野元信展を見に行きました。素晴らしいと言うよりすごおした。感動・感動「元」は付きますにゃけど元が元やのうて、正信さんのほうがお父さん。永徳さんは、元信さんのお孫さん。知っといやすと思いますけど憶えといとうくれやっしゃ、若いつもりの老婆の心より。

平成二十九年十一月　熊本城

文化の日、山鹿の八千代座での、玉三郎の鷺娘を見に空路熊本へ、映像と舞踊との事どしたけど、ほとんどシネマどした。スクリーンに拍手するなんてと、思いましたけど画像ならではの角度の綺麗さ、三味線、唄、お囃子にも第一人者を揃えてあって、その素晴らしさに、思わず身を乗り出している私が、おりました。

熊本泊まりの為、バス、ＪＲで戻る道すがら、思い出していましたのは、一、二度舞台に立った事がある、前の祇園歌舞練場どした。桟敷の客席、片方だけの花道、後方の椅子席、平面やのうて、少し上がってたようにも、思います。

あくる日、痛々しい熊本城を、大廻り小廻り、しました。

二年前の三月の、桜に彩られた天守閣が、まだ目に焼き付いていますのに…人は大いなる自然の恵みに生かされ、時に奮う猛威も、受けなければならない。

それが生きるという事、どすにゃろか。

まだ行ったことのなかった佐賀市経由、福岡空港から月に見送られ、帰ってまいりました。

八千代座

平成二十九年十二月　紅葉狩り

一日の終りを告げる夕景は、どこであっても、いいものどす。

ましてや、年の暮ともなれば…

この一年、ごひいき頂いて、おおきに。

お商売と遊びのバランス、それなりに、過ごさせてもらいました。

この年の印象がいいのは、たぶん紅葉がどこもかもきれいやったさかい、やと思います。

私の紅葉狩りは、初め湖北に行きとおした、賤ヶ岳、余呉湖、鶏足寺《けいそくじ》。

そやけどその日、急に冷えて、道が凍っていると聞き、急きょ南へ。東と南へちょっと行けば奈良の、京都府木津川市加茂の、浄瑠璃寺。

高校の国語の先生がお好きで、ずぅーと話されていて、とうとう遠足で連れて、行かはりました、昭和三十八年位のこと。

参道の馬酔木《あしび》、暗い長いお堂に並ばれた仏様達、前の池、その向こうの三重塔、違う世界に、迷い込んだようどした。

友達の車に乗せてもろたんは、私の他に、仕込みの木乃実ちゃん、次期仕込みの櫻花《さくら》ちゃん。これを書きながら今、気づきました。私の訪れたのは、二人の歳やったんやと。

その後、岩船寺、田辺に戻り、普賢寺（観音寺）、寿宝寺、城陽の資料館、水度《みと》神社に行った時は、もう暗おした。車での韋駄天の、秋の一日どした。

皆様どうぞ、良いお年を、お迎えやしとうくれやす。

平成三十年一月　宇佐神宮

私の平成二十九年は、フェスティバルホールで第九を聞いて幕を下しました。川沿いを戻りながら、あれだけのオーケストラ・合唱・独唱を楽譜にできるのは、天才以上やし頭の中はどうなっているのやろ。又、譜面から、素晴らしい音楽に起せる指揮者もすごいと、考えつつ、心はアンコール代りの蛍の光（合唱）と、揺れるペンライトの余韻に、浸っておりました。

さて、三十年への年越は、瀬戸内の船の上。生憎、お日様のご機嫌麗しくなく、初日の出は、拝めしまへんどした。

大分港に着き、全国の八幡社の総本宮宇佐神宮と、阿弥陀堂が国宝の富貴寺《ふきでら》、別府での初風呂、いい湯だなぁ、を致しました。

年末に買いました二冊、安部龍太郎『宗麟の海』葉室麟『天翔ける』のどちらを、カバンにと迷いましたけど、重い前者に。

豊後の大守のお話しやったので、昨年行った中津・日田も重ねて興味深い旅となりました。

知子だより、今年も引き続きどうぞ、よろしい。

平成三十年二月　祇園の話

花街、祇園は、祇園さん（八坂神社）の門前の茶屋が、発展して来たものどす。

洛中洛外図には、祇園社と二軒茶屋が、描かれてます。

祇園さんと言えば、四条通りの突き当りの西楼門を、思い浮かべはる方が、多おすけど、本殿、舞殿と並ぶ南の門が正面どっせ。

中村楼が柏屋、西側に藤屋と言う茶屋があったそうで垣根の中に井戸が、残ってます、一時期立札もありましたえ。

明治の神仏分離の前は、祇園感神院と言い、延暦寺の末寺で、鐘楼も回廊もあったそうどす。

それが描かれているお軸を見せてもろた事がありますねん。

十何年か前、祇園さんの企画で大蓮寺と大雲寺と言うのがあり、何となくこれは行かならんと思い、寄せてもろてびっくり。

大蓮寺は祇園さんがお寺やった時のご本尊を、預かってはって拝ましてもろたんどす。

この頃、八坂さんと言わはる方が多おすけど送って頂く小冊子が「祇園さん」やので、そう言うてほしおす。特に、祇園の人には。

ところで、石の階段は石段やのに、ガイドさんはもちろん、寺社の方まで階段と言わはるので、そのうち「祇園石段下」が、「祇園階段下」になるのかと、知子婆さんはブツブツ言うてます。

福嶋のお客さんは、わかってくれはりますえねえ…

おおきに、おおきに。

平成三十年三月　東大阪

桜は全速力、梅は普通通りの足どりやったので珍しく両方見られる、楽しい弥生どした。

その分、四月がちょっと寂しおっしゃろね。

今年の梅探訪は、東大阪の枚岡神社やと思い、行ってびっくり、梅林ごと消えてました。梅輪紋ウィルスやそうどす。

ウィルスのおいた（いたずら）には、困ったもんどす。

東大阪てわかります？五十年前、枚岡・布施・河内が一緒になった大阪第三の市どすえ。

本殿の裏山に登ると、大阪平野が一望でき、「大難波」が見えます。

今回は登らず、布施まで行き、平野行きのバスに乗りました。

初めてやったんでキョロキョロしてたら、四条とか、鞍作とかのバス停名があり楽しおした。お客さんの会社まで、見つけました。

大阪市平野は、空襲におうてのうて、「うだつ」もあり大念仏寺と、杭全《くまた》神社という、立派な寺社も残ってます。

地図に教えてもろたんどすけど、坂上田村麻呂の息子の広野麿の屋敷跡と、娘の桓武天皇妃、春子姫の墓があるそうで天王寺も近いし、市の美術館の帰りにもう一度、寄せてもらいますさかいと、口の中で言いつつ、京の都、花の祇園に戻ってまいりました。

お・か・え・り。

平成三十年四月　都をどり

今年の桜は、華やぎを心に写し取る間もなく、走り去りました。山吹、藤も引き連れて…

今、街に彩りを添えているのは、舶来の花水木。帰化したのかと思うほど、当然顔を、そやけど可愛おす。

うちの三輪は、都をどり初日のお茶席で、花開きました。

章乃のお点前、紫乃、瑞乃のお控え。

その上サンデーで、うちのお客様が、大勢来とうくれやして。

私が、一番にこにこしてたと言う声が、ちらほら。

さすがの韋駄天知子も、をどりの期間中はお仕事に勤しみ。終われば、お出かけの再起動。

私も楽しみ、お客様もお楽しみの、五月のお便り。

どうぞ、お待ちやしとうくれやす。

點前
章《ふみ》乃
ひかえ
紫乃
瑞乃

平成三十年五月　富山

去年の九月、お客さんとこの催しに誘てもろて富山県八尾《やつお》の風の盆に、寄せてもらいました。

行く前に、『風の盆恋歌』の本が届き、街並みや踊りのイメージがふくらみました。盆踊りは、町の何ヶ所かであり、よう揃てて、日頃もおけい古を積んだはるにゃろなぁと思える程、上手どした。

特に男踊りの縦の線と斜めの線が感じられる美しさに見惚れました。

次の日、曳山会館を訪れた私は、山の工芸の素晴らしさに感動して、それが六基並ぶ五月のお祭りにどうしたら来られるかと考え続けていました。

そして今回、本懐をとげました。大変な意匠をほどこしたお宝の山車が並んで坂を上って来ます。車輪が又すごうて、祇園祭よろしく角回しがあり、かけ声は「ほうきのみっつのようかんぼう」何を言うたはんにゃろうと思てましたら、奥様と彼女さんの名前とか、へぇー。

もう一ヶ所、城端《じょうはな》曳山祭りを見たんどすけど、これも山と音楽隊がペアになっていて、又もや、車輪まですごおしたけど、これをお話しする紙面がのうて…
そや、来とうくれやす。それが一番。

平成三十年六月　仙台

?十年前、小学生の私、知子ちゃんは、地図を見ながら、なんで仙台ってお城が二つもあるにゃろと、思いました。

青葉城と、多賀城どす。そやけどそれが時代も、成り立ちも違うと知ったのは、随分大人になってからどした。

多賀城には、どうしたら行けるのかと考えてましたら仙台駅から四つ目の駅と、知りました。

国府多賀城駅横の東北歴史博物館で、東大寺展もあるし、今やと思い、伊丹からブーンと一っ飛び。

多賀城跡は行ってびっくり、福岡の大宰府跡のように礎石があるだけやのうて、一つの岡に色々な建物が建っていて、城郭みたいやったので、結構歩きました。

市内に戻って、大崎八幡宮、東照宮、青葉神社を大急ぎで廻り、一泊。あくる日は、松島瑞巌寺、そして青葉城へ伊達政宗さんの像にご挨拶。そしてお眠りになっている瑞鳳殿に向い、そこで携帯を落とした事に気づきました。

青葉城恋唄ならぬ、青葉城ポイ唄を、してしまいました。
そやけどお蔭さんで、携帯は無事手元に戻り、こうして、皆様に手紙を届けさせても
らう事ができました。
拾とうくれやした方、送っとうくれやした方、ほんまにおおきに。
感謝、感謝どすえ。

平成三十年七月　堺

堺の仁徳陵、知っといやすか？

空から見せてもろたのは十数年振り。

前回は、舞妓の初代彩乃の見世出しを三ヶ月後に控え、ぽっちり（帯留め）の材料、珊瑚《さんご》を買い出し？に行ってての帰りどした。年末の傾く日に浮かぶ緑の鍵型に感激したのを憶えてます。

そして今回、五人乗りの飛行機に乗せてもろて、高知で鰹のたたきを頂き、高松でコーヒータイムをし小豆島、淡路島、年末に下を通った明石大橋と遠目に見、お目当ての百舌鳥《もず》古墳群へ。

仁徳天皇陵の南に同じ位の大きさの鍵型があってびっくり、直角に子供古墳が二基、さあどなたのお墓かとずーと気になって一ヶ月。

堺市博物館でもう一基が、仁徳さんのご長男、履中さんのお墓である事を知り、二ヶ所拝ましてもらいました。

この前、見下してすんまへんどした、お暑つおす。

お身体気ィつけとうくれやすと、言うてしまいましたけど？・？・？

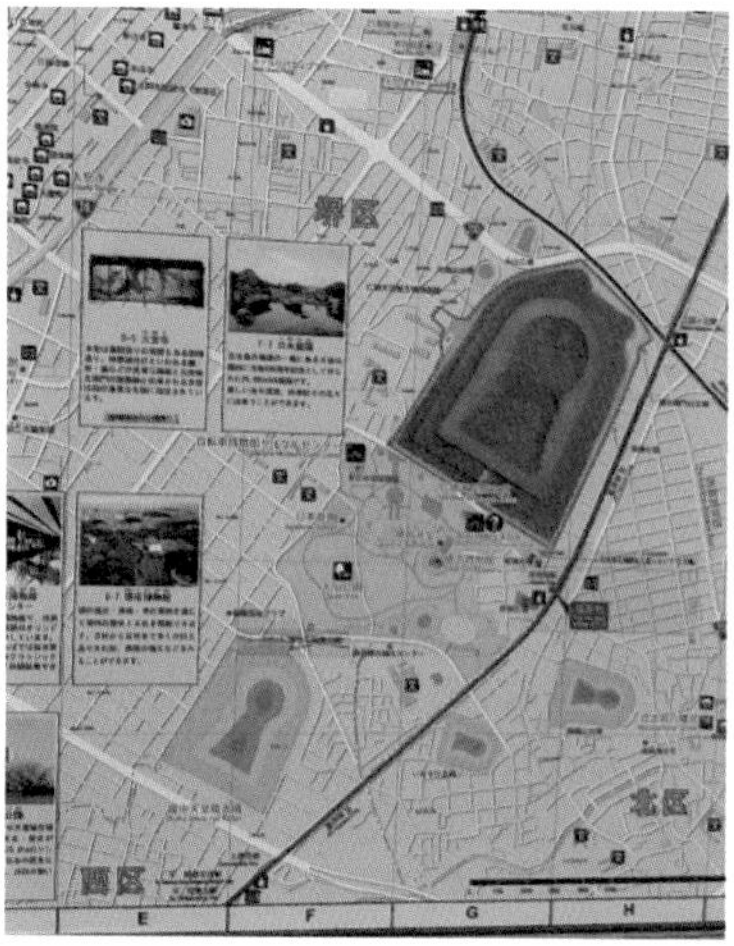

平成三十年八月　東京

お盆休みは東京へ、行った日は上野の国立博物館で「縄文」を見ました。いつも自分のことを、遮光器土偶やなぁと思てましたんで、お友達に会いに。そやけど感動したんは、火焔式土器群どした。縄文人の息吹、生命力が、痛いほど感じられました。

二十年程前、大阪のATCで「縄文まほろば博」を、一時間並んで見た事があって、縄文の最大の遺跡が、青森の三内丸山遺跡である事を知りました。

ただ憶えているのは、BCに千五百年間、同じ所に集落があった事、建物の柱は栗で、織物があり、通信記号のような言葉があったこと位、どっしゃろか。紀元前の世界が、身近になりました。

その次の日は、デラックスバスで、東京湾アクアラインを、房総半島に渡り最終日は、某新聞記事がお勧めの旧朝香宮邸の東京都庭園美術館、出光美術館、歌舞伎座で猿之助、幸四郎の弥次喜多を見て、笑いながら東京駅へ。北口のステーションギャラリーでいわさきちひろを見て、駅弁買うて新幹線。

日本列島大移動期間も、逆の動きは楽で、楽しましてもらいましたえ。

平成三十年九月　彌榮会館

いつも思てますねん、うちの庭木は幸せ者。暑い日は一日二回、生命の水が貰えて、その庭に思いもよらない侵入者が、あったんどす。

庭から見える彌榮会館の外壁と木枠、瓦があの台風二十一号ではがれ落ちて、大変な惨状となりました。

大屋根にもワンバウンドしたみたいで、雨音のするお座敷となり果てました。

そやけど彌榮会館は、私にとって、懐かしいとこなんどす。

屋上でタカラビールのビアガーデンがあり、舞妓・芸妓は当番で出たはりました。

送り火も鳥居以外、見ましたえ。八時になったらネオンが消え、甍の街に送り火が、よろしおしたえ。

その南にあるのが、祇園の象徴、歌舞練場。只今、耐震工事待機中、春秋座でお世話になっていた都をどりも、来年は新装なった南座どす。

昭和二十五年から三年間、歌舞練場を建て直したはる時も南座でありました。

瑞乃も出させてもらいますし、切符を、どんどん言うとくれやっしゃ。

楽しみ、楽しみ。

平成三十年十月　河内長野

京都国立博物館に行く度、不思議に思てました。天野山金剛寺のご本尊が、なんでここに？

何回目かで、気付きました。ああそうや、本堂の解体修理をしたはるので、ここにおいやすのやと。

その後行きましたら、もうお帰りになっていて、寂しおした。

そこで、追っかけしたんどす。お寺に寄せてもらうのは初めてやのうて、今は時効やさかい言いますけど、大学の先輩が某国立大学に勤めてはって、その方になりすまし、職員慰安のバスツアーに寄せてもらいました。

最近、その資料が出て来てびっくり、平成三年どした。

教授が三人も付いてくれはって、お寺の方が説明して向こうに行かはると、先生の訂正がありました。

このお寺は南北朝の頃、南朝と北朝の天皇さんが数十メートルの近さに居はったそうで、天野酒と言う、お酒もありますえ。

その時は観心寺と錦織神社にも、行きましたんやけど、神社は富田林、お寺二ヶ所は、河内長野という金剛山西側の、近鉄と南海がクロスした所に、あります。

観心寺は国宝の如意輪観音が、お厨子の中においやして、後村上陵、楠木正成首塚がありますのえ。

京都から、京阪、地下鉄、南海に乗り、意外と近こおした。

金剛寺の仏様とは、格子からかい間見るだけの、逢瀬どしたけど本宅をお尋ねする事ができた、いい初秋の一日どした。

平成三十年十一月　九頭竜湖と上高地

この秋のハイライトは、二泊の上高地と、一泊に値する九頭竜湖の、黄葉どした。

上高地は、抜けるような青空が、私を迎えてくれました。

かっぱ橋の奥の奥の奥と、ちょっと、山裾歩きをしましたえ。

突然、一万歩二万歩歩けるのは、唯々美しい景色のお蔭どす。

神降地という言い方は、違うと思うけど、この素晴らしいとこを見つけてくれはった外人さんに、感謝しながら歩いています。

お客様有志と行きました九頭竜湖は、去年八尾の風の盆の帰りに寄りました越前大野の、奥に当たります。

福井の大きな川は、足羽《あすわ》川と九頭竜川で堰き止めて作られたダムが九頭竜湖どす。

湖面に映る空と黄葉、瀬戸大橋の原形の橋も黄色でほんまにきれい。今の言葉で言う、インスタ映えするところどした。

一年の何と早い事、私のワンちゃん年も後一ヶ月。寂しいような気もしますけど、新年に、私なりの期待もありと、落ちる夕日を見ながら思う、昨今でございます。

平成三十年十二月　高座神社

平成三十年最後のお出かけは、十二月の第一日曜。現仕込の櫻花《さくら》ちゃんと次期仕込みの藍《あい》ちゃんを乗せてお友達の車で丹波路を、目指すは、某新聞に載っていた高座《たかくら》神社。

探し当てた神社の本殿は、屋根の角度と形が珍しく、軒や梁に施した彫刻には、原色が塗られていました。

そやけどきつくのうて、逆にメルヘンチックで、楽しそうなんどす。地元の方のほのぼのとした気持ちが、何となく伝わって来ます。

丹波市でもう一ヶ所、円通寺に行き、京都府に戻り、福知山城に向かいました。

十数年前四月半ばに行った時は、満開の桜の上に天守閣が浮かんでいましたけど、今回は、最紅頂のもみじの中に、見えました。

このお城は明智光秀が建てはったんどっせ。有馬とか朽木氏とかが、城主様どした。

帰路、由良川を渡る時、住宅地を見て、思わず大変どしたねえと、声には出さず、御見舞い申してしまいました（由良川が氾濫した後やったので）。

1／3しかない平成三十一年も、どうぞよろしいおたの申します。
おおきに。

平成三十一年一月　相国寺

平成三十一年一月一日零時零分は、相国寺におりました。

今まで除夜の鐘を撞いたのは、東大寺二回、三井寺、市内では方広寺（国家安康の鐘）、泉涌寺三ヶ所、智積院、清浄華院等どす。

今年は？と考えた時、思いついたのが相国寺どした。

鐘が二階にある鐘楼で、一階は裳裾のような板囲い。

順が来ましたら、靴を脱いで階段を上り、お厨子の小柄なきれいな仏様を拝み、一打どす、それも一人で。

有りがとおした。心洗われ、涙が出そうになりました。

一時間二十分、並びましたけど、いい年明けどした。

初詣は、去年、ご本家宇佐神宮に行ったので、今年は石清水八幡宮へ。エッチラオッチラ表参道を、登りましたえ。

私の行ってた小学校は、一年生は登るだけ、六年生は丹波橋から歩いて登りました、土手道が楽しおした。

二日は清荒神、中山寺、松の内に祇園さんと、市比賣神社。
私なりの初詣フルコースどした。
今年も福ある「福嶋」を、どうぞよろしい。

平成三十一年二月　丹生都比売神社

たまに耳にして、どこやのん?どうして行くのん?と、思てた丹生都比売《にうつひめ》神社に、行き着けました。

京阪・地下鉄・南海・JRで、妙寺《みょうじ》という駅へ。

そこからは車。何と言う幸運か、神社は御田祭《おんださい》の真っ最中。

二人が入らはった牛の面は紙製、早乙女が二人、善悪の神官、田人、最後はお多福面で女装した男の方が、お尻振り振り出て来られお膳を配ったり、見物人に話しかけて笑いを誘ったり、素朴でユーモラスでほんまにおもしろおした。

行きの運転手さんが、こちらの神様が、空海さんに高野山を教えはったと言うたはったので、確認の為、次の日(お客様で来られた)真言宗のお坊様にお聞きしました。

そしたら、丹生都比売様が白と黒の犬になり、弘法大師様を導かはったとの事でした。

今、某紙の連載がワカタケル(雄略天皇)で、その中に一言主神が動物(狼やったか)になって、という所がありました。

神様が地上に降り立たれる時は、動物に変身しはりますにゃね。

出かけて、見たり聞いたり、知識がちょっとでも増えることは楽しおすし、エネルギータンクのメーターが、グングン上りますねん。

平成三十一年三月　榮山寺

突然どすけど、この写真どこかわかからはります。

左上が法隆寺夢殿、右下は？？？

奈良の五條の、榮山寺どす。

藤原武智麻呂（鎌足の孫）がお寺を、息子の仲麻呂がお堂を、建てはったとか。

夢殿より、二十年新しらしおすけど、古く見え力強さを感じます。

ここを知ったのは、テレビどす。画面に映る八角堂を見て「えっ夢殿違うのん」とびっくり、早速、友達にたのんで車で寄せてもらいました。それから何年も経って、八角堂ツアーを思い立ち、この度の手紙になりました。

前回の榮山寺は、遠忌か何かみたいで、未公開の物を見、雅楽もありました。一月の丹生都比売神社は御田祭やったし、何年も前の鹿島神宮もたまたま、お祭りで、ちょっと厚かましおすけど日頃の行いがいいやなぁと思て、喜ぶ事にしています。

そやそやと言う、皆さんの苦笑のお顔が見えますすえ。

平成三十一年四月　都をどり子役の話

平成の都をどりの幕が、下りました。

只今、耐震工事待機中の、歌舞練場を建てはった昭和二十五年から三年、南座やったんで六十七年振りどした。屋上で遊んだ事を、かすかに憶えてます。

現やのうて、元の歌舞練場は桟敷で、後は椅子席どした。

一番下の写真が、その舞台に立った時の私どす。

昔の都をどりは、必ず子役の出る場面があったんで、小学校四年まで出させてもろてました。真ん中の写真どす。

学校に行くまでは、ほとんど着物で育ち、ラジオから曲が流れたら踊っているような子やったんで、一度、三つでおけい古に行ったんどすけどわんわん泣いて引っ込められ、皆と同じように、普通の芸事のおけい古初めの、六つの六月六日から始めました。

そやけどお勉強が大好き（?）やったんで、止めてしもて…

来年は、令和の都をどりが、始まります。

随分前、銀閣寺前の本屋さんで、杉本苑子さんの『壇林皇后私譜』という本を買いました。平安時代三代目、嵯峨天皇の奥様（橘嘉智子）が主人公どす。平成天皇即位の礼の、テレビ、新聞報道と、書かれている事が全く同じで、びっくりしたことがありました。あれから、三十一年経ちますにゃねえ、うーん。

令和元年五月　国立博物館

祝黄金週間休みは、天皇さん代替り直後の首都で、過ごしました。

初日は歌舞伎座で、団菊祭昼の部を見て、国立博物館へ。

何と東寺展どした。そやけど空海さんは、平安京遷都の時は二十才やったことと、三十一才で遣唐使になり、二年で帰って来られた事を、憶えましたえ。

次の日は、出光美術館、根津美術館と、歌舞伎座夜の部へ。

上の左の写真は、出光からのもので、参賀の人波とその方達のバスどす。

「上からですんまへん。先代さんもよう気張ってくれはって、有がとおした。どうぞこれから、おたの申します」と皇居に向かって心の声を、かけさせてもらいました。

根津では、尾形光琳の燕子花と、庭の本物の燕子花を堪能してから歌舞伎座へ。

最終日には、横浜、神奈川県立博物館で港景色の浮世絵を見て、クルーズ昼食と、アイスショー。宇野昌磨はさすがやし本田真凜ちゃんは可愛くて優雅、荒川静香、村上佳菜子、本田武史を見て、お弁当を買うて、新幹線に飛び乗りました。

お・し・ま・い。

本日初日

令和元年六月　余呉湖

余呉湖の初めの印象は、水上勉の『湖《うみ》の琴』どした。

新緑から深緑への一歩の五月末、その余呉湖を一周しました、六、二キロ。

滋賀県第二の湖言うても、琵琶湖の三四〇分の一どす。

その間にあるのが、七本槍で有名な賤ヶ岳。二十年前リフトで登った時、琵琶湖と余呉湖が見え、へぇーと思いながらなんでお山の上で、チャンチャンバラバラしはったんやろと思てました。

そやけどその後、えっちらおっちら登った時には、秀吉、柴田勝家両陣営の力関係で、砦の位置が決まり、興味深こおした。

滋賀と岐阜の県境の尾根を、歩いた事もありました。

西に、鏡のように光る物が浮いて見え、それが余呉湖やったんどす。

京都のお隣の県へもどうぞと、「ようこそ滋賀」企画が始まりましたとか。

お勧めは、十月第二週の大津祭どす。からくりが楽しい、いいお祭り。

福の字ばかりの見送りの曳山も、ありまっせ。

行ったげとうくれやっしゃ、おたの申します。

令和元年七月　朝鮮鐘

朝鮮のんやのに、国宝の「鐘」があるのを、知っといやすか？

敦賀（福井）の市街地から、原発のある立石岬に向かう途中の、常宮神社にあります。

直接見られへんようになると聞いて、十数年振りに行きましたんやけど、そう言う予定は無いそうで、ほっとしました。

神社は海のねきにあり、ここに来ると浦島伝説を、思い起こします。

敦賀は角鹿やったそうで、市章に渡来の王子（天日槍《あめのひぼこ》）の印が入っている唯一の街やそうどす。

敦賀のお祭りは、気比《けひ》神宮のんで、以前寄せてもろた事もあり、京都に一基だけ来たこともありました。

それは「手筒山の戦い」で人形は義景さんのおじさん朝倉景恒さんどした。

お囃子隊のリズムは半島そのもので、その頃あった天王寺ワッソとそっくりやったと、憶えています。

それだけ日本海の向こうの国とは、交流があったんどっしゃろね。

それにしても、今は悲しく、残念どす。しくしく、涙、涙。

令和元年八月　ヨコハマ

お盆休みは病院一泊、横浜一泊、総仕上げは大文字の送り火どした。

三溪園で有名な「原三溪の美術」と、港の夕景を見とうて、横浜へ。美術展は借らはった物もありましたけど、お一人でよう集めはったと思える量とレベルに、びっくりしてしまい作品からの感動が薄まる程どした。

私は某新聞の連載小説以来、長谷川等伯ファンやけどライバル狩野永徳さんは、「さすが」どした。

ヨコハマハーバーズサンセットは、運河から出る六時半発の船に乗り、この時間しか見られへん景色を堪能しました。

次の日は、曹洞宗大本山総持寺と、上野国立博物館で大和四寺のほとけさんに、お目に掛り、帰路に。

大文字は、母校のそれもゼミのあったビルの屋上より、鳥居以外の五山の送り火を。

この年末、除夜の鐘をついた相国寺の送り鐘を耳にしながら、雲間に顔を見せるお月さまと共に、心を込めて、お精霊さんをお送りする事ができました。

又来年も、おこしやしとうくれやーす。ゴ　ー　ン。

令和元年九月　川喜田半泥子

澄んだ青空を見ると、「今、生きている」と思いますし、きれいな景色や、素晴らしい焼物を、目にしますと心がスーと洗われるように、思います。秋は特に…

以前、お客さんに勧められ、東洋陶磁美術館に川喜田半泥子展を、見に行った事がありました。

百五銀行の頭取で、実業しながら大変な量の作品を作ってられてて、それ以来、もう一度見たいと思ってたんどすけど機会が無うて…

津で見られると知り、八月と九月、二回寄せてもらいました。

行ってみてびっくり、私が初めて見たのはなんと、平成三年どした。

半泥子さんは、何焼である必要はなく、何焼の方とも交流できるので色々な手法の物があり、レベルはプロ以上やけど、プロでないゆとりと言うかやさしさが、私は好きどす。

一回目の帰りは、津城跡へ、二回目は伊賀上野城へ、廻りました。

二ヶ所とも藤堂高虎が、今治から転封されて、建てはったお城どす。

突然どすけどこの手紙、九月二十九日（日）の夜、東京のホテルで書いてます。次は東京かはたまた？？？

お・た・の・し・みに。

令和元年十月　東京

桜の葉が染まり、虫の音・金木犀との、秋のバトンタッチ。

色づかんと散る年も、ありますのに、今年は、黄葉も紅葉もきれいどす。

前の手紙を東京で書いたんで、その時のお話しを。

林芙美子記念館と、新宿高層ビルにある、京都の料理屋さんの松茸料理と、ミニ「風の盆」のツアーに行き、某新聞に載っていました菊池寛実記念智美術館の、藤本能道展を目指しましたんやけど見つからず。ウロウロしてたら、えっ、この建物何?中国のお寺?と思うたのが、大倉集古館どした。五年かけて増改築の直後に通りかかりました。仏さまも絵も、沢山ありましたんやけど、呉春の屏風が素晴しく、特に桃の所に心ひかれました。

今でも、瞼に焼きついて離れしまへん。

一昔前、市の美術館で、蕪村と大雅展を見ました。

私はひょうひょうとした、池大雅の筆使いが、好きなんどすけど、呉春は、蕪村のお弟子さんやそうどす。

この手紙は、山口の萩の宿で書いています。
その間に上高地も行きましたし…
良く働き、良く遊び、只今、成春真っ盛り?どすえ。

令和元年十一月　山口県

山口（県）の地に足を踏み入れたのは、瑠璃光寺の五重塔を見とうて来た時、以来どす。防府に寄ったと、思います。

今回、青海島と萩が含まれているツアーが見つかり、又、それっと出かけました。

京都の伏見城は、観月橋（昔は豊後橋）近くにあり指月《しげつ》城と言うたそうどす。指と月はどちらかが悟りどちらかが経典とどこかで聞きました。

萩のお城も指月《しづき》城で、中国地方の覇者毛利元就の孫世代、輝元の時、関ヶ原で西軍やったので、萩藩だけになってしもたんどす。

萩で、武家屋敷を見るだけではおもしろ無うて、さっと抜けて春日神社に行きました、そしたら何と、空車が来てくれてお城へ。

城跡には志都岐山神社があり、石垣を見ながら、萩藩の大変さを思いました。

それが幕末の長州のエネルギーに、なったんどっしゃろねえ。

青海島は、四十年前、東山魁夷さんが、唐招提寺の御影堂の襖絵を描かはった時、荒波にさらされている、小岩の松をスケッチしはったとこどす。そやけど、今回見た青海島は大きな島で全然違うとこどした。何か腑に落ちなくて…

帰りの新幹線で、そうや二ヶ所ある事にしょうと思いつき、ちょっと落ち着いたんどすけど。

令和元年十二月　大和路散策

秋の総仕上げは、お客様有志と寄せてもろた、大和路散策どした。

工事中に見せてもろた、興福寺中金堂を拝観し、依水園へ、お庭を見せてもろて、麦めしとろろの昼食。その後バスで一気に奈良市南東の正暦寺へ、正暦という年号もあり大伽藍があったと思われる石垣が、ずーと続いていました。

天理に入り、石上《いそのかみ》神宮にお詣りし、高速道路で奈良盆地を東から西へ。松尾寺は矢田丘陵にあり、京都滋賀の方の厄除けは、立木さんやけど、奈良の方は松尾寺にお詣りしはるそうどす。

法隆寺の横を通り、紅葉で有名な龍田《たつた》の龍田大社へ。そやけど残念ながら、秋の日は短く、相当暗くなって来てました。

お楽しみの夕食は、陶芸の富本憲吉の旧居を改装したうぶすなの郷で、頂きました。

支配人の話では、来られた時すでに作品は全くなかったそうどす、残念！

この手紙は旧年に、書いていますにゃけど、目を通してくれはるのは旧年の方と新年の方が、あると思います。

この一年、あちらこちらを書かしてもろて、お客さん目を廻してはらへんか、心配どす。

そやけど来たるべき年も、子《ね》年よろしく、ウロチョロウロチョロさしてもらいますので…

令和二年一月　年末第九から

除夜の鐘　余韻を胸に　目はオリオン

年末はフェスティバルホールで第九を聴き、令和二年の幕開けは、南禅寺の除夜の鐘どした。

秋の疏水のツアーで、水路閣奥の鐘楼を、見つけました。お掃除のおじさんに、「この鐘撞けます？」と聞きましたら、「整理券を貰えば撞けますよ」との返事どした。十二月一日に券をもらいに行き、並びました。我ながらいい音色？で、感動しました。

山門の東側のお堂に、灯りがついていて、昼は逆光で見えへん天井の龍も見え、拝ましてもらいました。

ああ、いい年明けやなぁと、思いながら歩く私を、オリオン座が慈悲の眼差しで、見守ってくれてました。

三が日は、初詣にちょっと出かけただけで、四日は東京に行き国立博物館、歌舞伎座新春公演、次の日は日枝神社、ホテルの昼食、それからサントリーホールのコンサート、歌劇こうもり・小山実稚恵のピアノ、ドボルザークの新世界を聞きました。素晴しおした。

音楽の雲に乗って、という訳にはいかしまへんどしたけど、いつもお世話になっている新幹線で、戻ってまいりました。

年末年始のご報告、お・し・ま・い。

令和二年二月　とびしま・しまなみ

ある大学の先生に、言われたんどす、出かけるのが先？手紙を書きたいのが先？と。

いつもその質問を、どっちやろかなぁと思いながら、出かけてますねん。

一ヶ月前、とびしま海道と、しまなみ海道半分を、飛び石のように行くツアーに、参加したんどす。

呉から、橋やらフェリーやらで、下蒲刈島、上蒲刈島、豊島、大崎下島、大三島、生口島《いくち》に渡りました。

このコースのカルチャーショックは、大崎下島の御手洗《みたらい》ということどした。

他の島は北西の潮で、流れが速いにゃけど、ここだけは穏やかなんで船も沢山来て、遊郭ができる程、賑わったとか。

薩摩藩用の船宿もあり、屋久杉を使った天井とか、桜島の噴石が塗り込まれている土壁とか、ありましたけど交易の基地に、なってたんどすね。

人も、菅原道真、伊能忠敬（測量に）、シーボルト、吉田松陰、三条実美たちの七名の公卿落ち、坂本竜馬も、立ち寄ったそうどす。

瀬戸内の一つの島にねぇ。

大三島では大山祇《おおやまづみ》神社、生口島では私だけ平山郁夫美術館へ、中学時代の竹の絵の上手さにびっくりして、島々の旅は、終わりを告げました。

令和二年三月　宇治萬福寺

今年は都をどりが無いので、おさらい会をしはりました。

「都をどりの無い四月は初めて」と、お家元（井上八千代）さんは言うたはりましたけど、もっと年長さんの私も、初めてどす。

他所《よそ》に出かけた時、ここの桜の頃はいいやろうなぁと思うのどすけど、をどりのある四月だけはさすがの韋駄天知子も出かけられしまへんどした。そやけど今年は…会は舞妓達が三組に別れて、「夜桜」「貝づくし」「傘づくし」を大緊張で舞うてましたが、その後の芸妓八人の「老松」はぴちっと揃ってて、さすがどした。そやけど、見せてもうてるお母さんもお姉さんもマスク姿でちょっと？？？

その帰り、白川の桜を見ましたけど、世間様を知ってか知らずか、華やかに、にこやかに、咲いておりました。

私の今年の花見は、お客様有志と小型バスで宇治へ。日野の法界寺（藤原氏北家）に寄って、インゲン豆の隠元さんの建てはった萬福寺、宇治橋は桜を愛でながら渡り、平等院前で昼食、道元さんが建仁寺で修行の後、深草で庵を結び、次に建てはったのが興聖寺《こうしょうじ》、世界遺産、宇治上神社を巡りました。

〆はバスで天ヶ瀬ダムへも、小学生の頃宇治川ラインというので、石山から下った事がありました。今はなつかしい昭和三十年位の話でした。今年の桜紀行、お・わ・り。

令和二年四月　細雪

こう言う時やので、祇園さんの疫神社にお詣りしとうて出かけました。石段上がって、西楼門をくぐり、正面どす。

いつもは、七月三十一日夏越《なごし》祭だけですのに、茅の輪がありました。その上、本殿の横にも造られてました。

皆さんのお詣りの姿が真剣なんで、私も気を引きしめて手を合わせました。

桜は、人間世界のできごとを心配しつつ、例年通り咲いてくれました。岡崎の十石舟から見る桜もきれいやったし、平安神宮の桜も、見事どした。

谷崎潤一郎の『細雪』の世界を、彷彿としました。

映画の配役まで、思い出しました。長女・岸恵子、次女・佐久間良子、三女・吉永小百合、四女・古手川祐子、やったと思います。

咲いている風情は、梅も好きやけど、華やかさから言うと桜どすね。そやし、左近の梅から、左近の桜になってしもたんやろか。今は山吹、つつじ、牡丹も咲き、藤がもうすぐどす。花の暦を心ゆくまで楽しめる日が早く来る事を、願わずにはいられへん、昨今どす。

令和二年五月　金閣寺・龍安寺

コロナ休みやし、ご近所の建仁寺を、書こうと思たんどすけど、それでは、韋駄天知子の名がすたるので、普段は人が多うて近づけへん、金閣寺と龍安寺に寄せてもらいました。

金閣寺は、足利義満の北山殿を、金閣だけ残し建てはった禅寺。金閣寺も銀閣寺も、相国寺の塔頭どすえ。

こんなにゆっくりゆったり、眺めさせてもらうのは、最初で最後、前から後ろから、池の面に映る姿まで、堪能させてもらいました。

次に行きました龍安寺は、拝観再開の日に当り石庭は三人占め。あでやかな若葉、そよと吹く風、心の庭と、お話しできて、時を忘れました。

池を廻れば小鳥のさえずり、鶯もいい声どした。

お人さんの少ない原因を一瞬忘れて、素晴らしい世界に浸りました。

もう一回はフライングして、私の第二の街奈良へ。春日大社も人影が無く、静寂の神域は有難とおしたけど…回廊の春日灯籠は、寂しげどした。

若草山を見上げながら、手向山八幡宮、法華堂を通り、二月堂から一望し、東大寺へ。大仏様にはお目に掛れしまへんだけど、手を合わせ、鹿が首を下げ草を食《は》むのを見ながら第一の街に帰ってまいりました。

令和二年六月　銀閣寺

金閣寺だけでは、片手落ち（？）やと思い、銀閣寺へ…

昔と違い、庭がどんどん山手に広なってゆっくり散策でき、緑に埋まる銀閣も、各角度を見ることができましたえ。心は銀色、穏やかに澄み渡りました。

金閣寺は鹿苑寺、通称金閣寺と書いてあったけど、銀閣寺は慈照寺、通称銀閣寺とは書いてあらしまへんどした。

金閣寺は足利の三代目義満、銀閣寺は八代目義政の時のんどす。

義政の正室は日野富子、大河ドラマ「花の乱」では市川團十郎と三田佳子どした。

銀閣寺で目線を東に振ったので、後日、曼殊院、狸谷不動尊、詩仙堂を訪れました。

曼殊院は門跡寺院らしく五本線の塀も重々しく、霧島つつじは過ぎてたんどすけど、
一周してもう一度庭を見たくなる程、落ち着いた佇いに、時がゆっくり過ぎて行くようどした。

門前の横に、菌塚がありました。某新聞のその日の紙面に載っていたそうで、今やさかい、特に念入りに拝ましてもらいました。

「どうぞおとなしく、お鎮りやしとうくれやす」おたのもうしますと、皆様も写真に、拝んどうみてくれやす。

令和二年七月　大覚寺

この頃「韋駄天さんのお出かけ、近場やねぇ」と、何人かの方に言われました。そらそうどっせ、今は京都ファースト、行く先々静かやし、ゆっくりゆったり、よろしおす。

ただ原因が、心重いだけどっせ。

このところ北西走で、嵐電（ペコちゃん号もあり）に乗ってます。

福田美術館二回、車折《くるまざき》さん、大覚寺、嵯峨天皇陵、清凉寺（嵯峨釈迦堂）、鹿王院へ。

渡月橋近辺の、ものすごく人の多い日と、えっと言う位、いはらへん日と、ちょっと戻って来はったんやと見えましたえ。

大覚寺は、離宮をお寺にしはったんで、随分雰囲気が違います。

宸殿の前には、右近の橘と左近の梅があり、昔は桜では無かったことを、教えてくれたはります。

花と言えば今は桜やけど、梅どした。

嵯峨というのは、凸凹の険しい様を言うそうで、川のこちらは嵯峨、向こうは嵐山どっせ。

確かに、嵯峨天皇陵は結構高く、大覚寺大沢池、広沢池が見下せました。

嵯峨天皇は、平安京三代目の天皇さん、お兄さんの平城天皇が、薬子の乱とかで力を失い即位されました。在位十五年、異母弟の淳和天皇に、京都にとっては、中興の祖のような大切なお方。

暑いし、しんどいけど、一度お詣りおしやすか？

令和二年八月　奈良朱雀門・太極殿

奈良に出かける時、西大寺を過ぎてからの車窓が、楽しみどす。南に向えば垂仁陵、東に向えば朱雀門と大極殿、そやけど線路の南と北やので、両方見るのは難しおす。

朱雀門は二十二年前、大極殿は十年前に建ちましたとか。

奈良ひいきの私は、両方に足場のある間に寄せてもらいました。

朱雀門の時は、パンフレットは一グループ一部ですよと言われながら友人と別の列に並んで、もらいました。朱の色は今より浅く、鬼瓦が可愛いおした。

門から朱雀大路を見下して、天皇《すめらみこと》になった気分になりました。

大極殿の時は、母の介護が大変な時で、必死で行った覚えがあります。

柱の切り株が置いてあり、その年輪の多さと、江戸時代の年号の印しに、びっくりしました。

建てはった建築会社はすごいと思いましたけど、これを千数百年前建てられた人々の方が、もっと素晴らしいと気付きました。

私が中学か高校の時、夏休みの宿題の為、来た事があります。

草ぼうぼうの道を、大極殿の碑まで、暑い最中《さなか》を歩きました。その頃から発掘調査が、本格的に始まったみたいどす。

私もそのまま、歴史のお勉強をしてたら、祇園出身の歴史学者としてテレビに、出てたかもわからしまへん。

そうしてたら、皆様にお目に掛れてしまへんねぇ。

令和二年九月　京都五条天神

猛暑酷暑の夏から解放されて、やっと待望の秋が訪れましたねぇ。

庭木に「あんたら幸せえ」と声をかけながらの水撒きも、楽になりました。

ほんまやったら、一番爽やかな青空気分のはずやのに、目に見えない小さな物のせいで、落ち着かない日々を過ごす事になりました。

ワクチンかお薬が、早くできますように願いつつ、お薬の神様大阪道修町《どしょうまち》の神農さん少彦名命《すくなひこなのみこと》神社に、お詣りさせてもらいました。

行ってびっくり、ご祭神は、京都の五条天神からお招きした方やったんどす。

後日、松原通西洞院の五条天神に、行ってまいりました。

数十年前、京女にいらした村井康彦先生の講演を聞きに行き全国に天神さんが多いのは、少彦名命の天神《てんしん》信仰が菅原道真の天神人気にあやかって、テンシンまでテンジンになったという話だったと思います、なるほど合点どす。

小学校の時、五条は今の松原通に当り、牛若丸弁慶の話は松原橋やと、教えられました。五条天神社は松原通にあり、符合しますえねえ。

行ってみて知る、韋駄天しなあきまへんやろ。
皆様のそうやそうやの声、聞こえますすえ。

令和二年十月　別子銅山・西山興隆寺

「今年の紅葉はどうどっしゃろ」が、話題の昨今。もうそろそろと、カレンダーを買いに行きました、いつもより小振りのを。

去年の秋は書き込みで黒おしたけど、今年は白が目立ち、淋しげなので、書き切れへん、どうしょうと言いたい為に…

先月末、やっと海を渡りました、瀬戸内海どすけど。GO　TOトラブル、違いましたトラベルで、別子銅山、西山興隆寺、UFOライン、石鎚山ドライブの、愛媛県コースを。

銅山では、前に佐渡金山に行ったので、石見銀山に行けたら金銀銅揃うなぁと思いました。来年の五輪には間に合わへんけど。

お寺では三百段の石段が、迎えてくれました。ヒーヒー言って登ったら、お堂と五重塔、笹竜胆と角ばった葵の紋が目に入りました。

徳川家康の、お母さん於大の方が再嫁しはった久松氏は伊予松山城主なので葵の紋やそうどす。源氏の笹竜胆は？？？

次の日のドライブでは、黄葉は余り鮮やかや無かったんで紅葉は、どうどすやろう。京都は桜紅葉が色づいているので高揚までいかへんけど「中位の京の秋」が楽しめまっしゃろかねぇ。

令和二年十一月　八角堂ツアー

八角堂ツアーに、行きましたえ。お客様有志と公開最終日の、奈良・興福寺の北円堂を皮切りに南円堂・東金堂・国宝館を見て、奈良県の南西に位置する五條市へ一つ飛び、と言うても、バスに翼はついてへんのどすけど。

着きましたら、柿ノ葉寿司でお昼をし、榮山寺へ。
七、八年前、テレビに映った八角堂を観て、えっ夢殿や無いのん?と思い、一度見に行った事がありました。
こちらは藤原不比等の息子、四兄弟の一人武智麻呂さんが建てはったお寺どす。今は鐘と本堂と、八角堂しかあらしまへんけど。

残っている石垣を見て、相当な伽藍があったと想像されます。

ここの八角堂は力強く、夢殿は優美どす。建てられた時期は夢殿の方が古おす。お堂の残像を目に、法隆寺に向うたんどすけど、余り行かはった事が無いやろうと、当麻寺にも寄り道しました。

法隆寺に着いたら、拝観が四時半までやったんで、小走りで夢殿へ。

日が傾いたお蔭で、お堂の中の救世観音が、黄金色に浮かび上り有難おした。塀沿いを戻る時、夕日が沈むのが見え、印象的な、秋の一日は、暮れていきました。

令和二年十二月　年末大洲

令和三年は、人々の祈りを背に、幕が開きました。

一条の明るい日射しが、差し込んで来ることを願う日々が続きます。


この秋、三回、四国の地を踏ましてもらいました。

一回目は、前々回の手紙に書かしてもろた、別子銅山、西山興隆寺、ＵＦＯライン、石鎚山ドライブウェイ。

二回目は日帰りバスツアーの丸亀城、城下の庭園、善通寺、東山魁夷せとうち美術館。

三回目は、今治城、タオル館、そして、短い足をグーンと延ばして行った、大洲城と臥龍山荘。

特に山荘は十年程前、宇和島の帰りに車を待たしてあわてて見てから、もう一度とずーと思っていたんどす。

十二月どしたけど紅葉真盛り、肱川に映る茶室不老庵がこの写真どす。崖に清水寺の舞台のような足組、一本は生きている槇の木、主な建物の、欄間や花頭窓の意匠が素晴しく、松山から一時間程やので、道後温泉に行かれたら、是非是非、足を伸ばしとうくれやす。

大洲は昭和四十一年朝の連続ドラマ「おはなはん」の舞台で、その主題歌が街に流れていますえ。

令和三年一月　西教寺・三井寺

昨年の最後の紅葉は近江路へ。西教寺・日吉大社・近江神宮、きれいな紅は、私の為に残しておいてくれました。

この辺りの紅葉がいいのは、比叡の山裾で、早く日が傾くせいやろか。

西教寺は、明智光秀の菩提寺で、本来やったら大河ドラマのお蔭で、大勢来はりますやろうに…私は何回か寄せてもろてますにゃけど、こんなに本堂が立派やったかしらと思い、それと同時に、三井寺に行ってみたい気持ちが湧きました。

年明けて、二十四日、雨の三井寺を訪れました。

広大なしっとりした境内をゆっくり廻り、お寺を後にした時、心は随分落ちついていました。

金堂は、桁行七間梁間七間、建てられたのは一五九九年、関ヶ原の前年どした。

西教寺の本堂は、桁行七間梁間六間で、広さはほぼ同じ。

建立は一四〇年後の江戸中期、時代の差で国宝と重要文化財かもわからしまへん。

二十年位前どっしゃろか、三井寺の除夜の鐘を、撞かしてもろた事がありました。

近江八景の一つ、三井の晩鐘のあの鐘どす。

地元の方が間に入って来はるので、一時間以上かかりましたやろか。

雪がちらつく寒い日やったんで、お腹も空いてへんけど、おうどんを食べて暖まった事を憶えています。

今年の除夜の鐘は、コロナ禍が収まって、平和と幸を祈る鐘にしとおすね。

令和三年二月　天龍寺

今年になって、渡月橋を二回渡りました。人が少のうて、気持良う渡れますえ。川は大堰川、上流は保津川、下流は桂川、橋からは上流の嵐峡を、見てしまいます。

去年は、大覚寺、清凉寺、嵯峨天皇陵へ行きました。今年は、天龍寺、野宮神社、去来のお墓、常寂光寺、二尊院、宝筐《きょう》院。

天龍寺は、足利尊氏が、争った、後醍醐天皇の為に建てはったお寺で、夢窓国師の開山どす。

吉野で亡くならはったんで、桜が多く植えられています。

お寺の中にお祖父様の亀山天皇と、大お祖父様の後嵯峨天皇の御陵があります。何度か捜したんやけど、見つからず、お坊さんに聞いたら、結界の中どした。頼んでお詣りさせてもらい、撮ったのが左下の内緒の写真どす。最後に行った宝筐院には、尊氏の息子さん室町幕府二代目の義詮のお墓と、後醍醐天皇側についた楠木正成の息子、楠木正行の首塚が、仲よく並んでいます。

ちょっと不思議やけど、ここのお寺は新緑と紅葉の頃がいいので、お二人で楽しんだはって、争いは良くないと、言うたはりますやろかねえ。

令和三年三月　奈良唐古鍵遺跡

お隣の奈良県に、吉野ヶ里と同じ弥生の遺跡があるのを知っといやすか。大和郡山と橿原の間の、田原本にある唐古《からこ》・鍵遺跡どす。江戸時代、灌漑用に唐古池が掘られた時、楼閣を描いた土器片が見つかりました。それで池には楼閣が建てられてます。建てはったんは地元出身の某コーヒー屋さんと聞いています。

ムラには堀が何重にもあり、敵と洪水を防ぎ、運河としても使われていたそうどす。鏡作神社も一ヶ所やのうて、何ヶ所も造られてましたんやろうね。

又、小さな遺跡群の中に、多《おお》遺跡もありました。古事記は太安万侶、稗田阿礼、日本書紀は、舎人親王って習いましたえね。その多（太）神社がある事は知ってたんどすけど、どこやわからしまへんどし

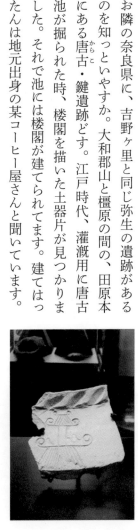

たら、地元にお住いのお客様が連れてくれはりました、清らかな神社どした。

その道すがら、斜めの農道みたいなとこを指して、これが聖徳太子が斑鳩から飛鳥に通われた道ですと、教えてもらいました。

前はお財布を開けましたら、お目に掛れましたけど、近頃は…

聖徳太子さまとお母さまと第三夫人がお眠りの大阪府太子町の叡福寺に、最近二度行って、二度手を合わせました。

この時期は飛鳥へのお通い道も、桜と菜の花と、鳥の声でのどかどしたやろね。パカ、パカ、馬の足音。

令和三年四月　佐賀名護屋

四月三日「なごや」へ、愛知県やあらしまへんえ、佐賀県の名護屋どっせ。

豊臣秀吉の命令一下、半島に遠征軍を送る基地どした。

朝七時二十分の新幹線に乗り、一時に着くこの距離。

何ヶ月かで、秀吉の天主台と各大名のお屋敷がある、小振りな大阪城下が出現していたとは…

初めに来た時、桜の頃はいいやろうなぁ。そやけどその頃は都をどりもあるしと思てたら、コロナさんのお蔭で（？）で行けました。

もう八重やったけど、それが却ってこの地に合うてて、よろしおした。

その日は福岡まで戻って、次の日、筥《はこ》崎宮にお詣りしました。

神社やのに、敵国降伏という額がありますねん。

中学位で習ろた元寇の時代、亀山上皇のものと知り、納得どす。

神話の時代の神功皇后、飛鳥時代の天智天皇の白村江の戦い。

お隣の国とは色々あって、水には流せしませんやろうけど、仲よくできひんのかなぁ、いつも思てます。近頃はお寺の護摩木には、世界平和と書いていました、今は疫病退散どすけど。

神さま仏さま（順不同）、早よ、平穏な日常に、戻しとうくれやす。

南無阿弥陀仏、アーメン、うちの家は浄土宗で、学校がキリスト教なので。

令和三年五月　出雲月照寺亀石

黄金週間の五月二日、雨上りの出雲空港に、降り立ちました。

東京からの便待ちで、バスはなかなか出ず、一目散に、古代出雲歴史博物館へ。

出雲大社の展示、加茂岩倉、荒神谷遺跡から出土した国宝の銅鐸、銅剣、銅矛、橿原考古学博物館からの展示もあり見ごたえがありました。そやけど、どういう所に埋まっていたかに興味があって、車を飛ばしました（運転手さんが）。

「出雲の神様すんまへん、お隣まで来ててお参りせんと」

あやまりながら、松江へ向かいました。

あくる日、月照寺へ、五十五年前学友（ご無しで）と山陰山陽を、夜行二泊で廻った事がありました。

その時の記憶で、亀石に乗ったお墓が並んでいた、と思てたんどすけど、違ごてました。亀石はあったけど、乗ってたんは碑で、立派なお墓は別にありました、松平十代の菩提寺どす。

不昧《ふまい》公は、その七代目で江戸末期のお殿様どす。

城主様のお住いと、執務室であるお城は、ナンジャモンジャ（ひとつばたご）の白い花で、迎えてくれました。五、六年前に祈禱札が見つかり、古いけど、新しく国宝になりました。

足立美術館にも立ち寄り、榊原紫峰の絵だけを、コーヒータイムをはさんで二回見て、帰路につきました。

私は今、亀の時代やと思てます。首をひっこめ、よーく外を見て何をすべきか考えて、鶴の時代が来たら、しっかり助走して、はばたきたいものどす。どうなりますやろね。

令和三年六月　江州

六月の江州は、早苗がお行儀良く並んで、迎えてくれるものと思ったんどすけど、麦畑が増え、麦の秋と青田の二色刷になっていました。日本人の食生活が、変わったんどすえねえ。

先ず、彦根の手前の河瀬で降り、河瀬神社へ。ここの本殿は、上賀茂神社の社殿を移築したもので空気感がよろしおした。

神社の前の奥さんは、話かけてくれはるし、お詣りにみえたご夫婦もお辞儀してくれはりました。

次に、緑すがすがしい胡宮《このみや》神社、元は敏満《びまん》寺の福寿院。大きなお寺やったそうやけど、石垣は余り残ってしまへんどした。安土城を造らはる時、持って行かはったんかもわからしまへんね。

次は目的地荒神山（二八四m）へ、山は、車が登ってくれました。山頂には荒神山神社があり、形が良うわかる、前方後円墳もありましたえ。

ちょっと歩いて、下りましたら、まあうまいこと彦根ビールが、ありました。三種類あるうち、バナナビールを頂きました。

ふっとバナナの味がして、美味おした。

もう一ヶ所、阿自岐《あじき》神社に行き、近江を後《あと》にし花の都に、戻ってまいりました。

平成八年に、参加しましたバスツアー「湖東の神々」の続きをしたようで大満足の一日どした。

令和三年七月　広島

広島から宇部線を走る観光列車エトセトラに乗り、スイーツを食べながら、三原まで。戻りは、瀬戸内しまたびラインのクルーズを楽しむ、という知子ツーリストの特選コースは、豪雨の為あえなく半周になりました。

旅行会社の方に、このコースは私も行きたいですと、言われたのに。

そやけど、五時間の船旅は快適どした。

同じ広島県でも、山側は雨台風で大変やけど、瀬戸内は穏やかで心が和みます。

時がゆったり過ぎるよう、島にも二ヶ所、上陸しましたえ。

野うさぎがいて、灯台もある大久野島と、御手洗《みたらい》のある大崎下島どす。

御手洗は去年の一月に来て、もう一度と思てたら、意外と早く来られました。

寛文年間から昭和初期まで、北前船や大型船も行き交い随分賑わったそうで、伊能忠敬、シーボルト、吉田松陰、都落ちの三条実美ら五名（七ではなく）の公卿、坂本竜馬も、立ち寄っているそうどす。

瀬戸内海って平家以来、村上水軍が牛耳っていると、思てたのは間違いと、御手洗は教えてくれました。

海は大きな道と、だんだん、思えて来たんどす。

どこかに書いてありました、「み」と「ち」は神と方向と、間違うてたら、すんまへん。暑さと、コロナのせいどすさかい。

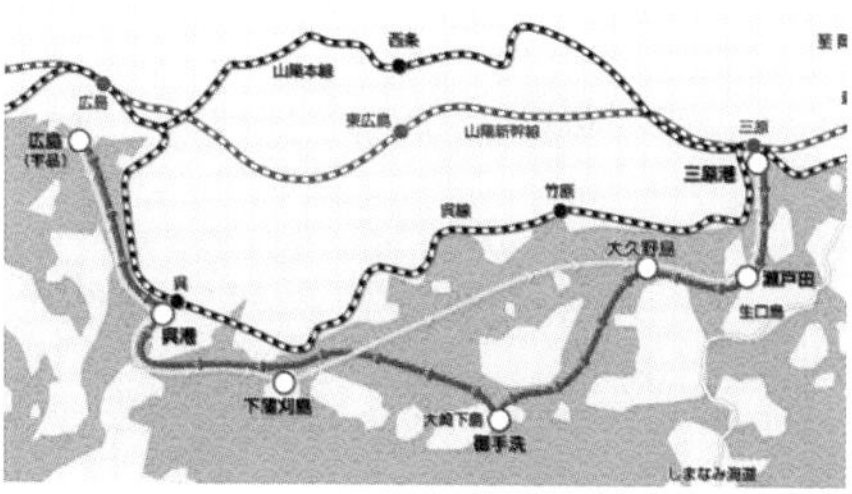

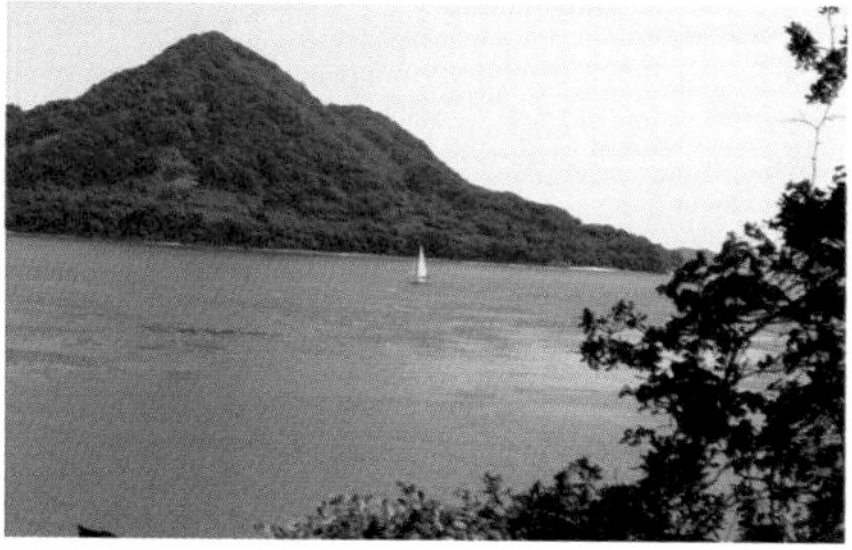

令和三年八月　青森

かねて念願の、青森三内丸山遺跡を目ざし、お盆休みの一日、伊丹空港を飛び立ちました。日本海を北上、佐渡島を左手に見て…

二十年前どっしゃろか、大阪南港のアジアトレードセンターで「縄文まほろば博」と言うのがあり、一時間並んで見せてもらいました。

五千年前、千五百年間同じ所に、大きな集落があったそうで大型建物の木は、栗と知りました。モールス信号のような言葉もあり、織物もあったとか、その時三内丸山遺跡を知ったんどす。

又、三年前の夏、東京国立博物館で「縄文」という特別展があり国宝の土偶達より、重文の火焔式土器に、縄文人の息吹というか生命力を感じ、圧倒されて、立ちつくしてしまいました。

それ以来、縄文ファンクラブの会員になりました。

現地は、大型掘立柱建物の大きさにびっくり。どうして切り出し、どうして運んで、どうして建てはったんやろう、土器、石器の時代に、長さ十五メートル直径一メートルの木を。他に竪穴建物の大きいのや小さいの、高床式建物、大量の土器石器土偶が捨てられてたとこ、食べ物の捨て場、大人のお墓、子供のお墓を見て、縄文人のくらしぶりをかい間見たような気が致しました。

市街に入り「ねぶたの家ワラッセ」と昔なつかし青函連絡船（五十四年前に乗った）を見て一日が終り、あくる日は雨で奥入瀬《おいらせ》渓流を少々歩き、十和田湖は何も見えず真っ白で船も出ず、湖畔読書となってしまいました、文学小女やさかい。

令和三年九月　彦根城

敬老の日、一人の老女（私）が、彦根城への坂道・石段・階段をえっちらおっちら、登っておりました。

天守閣からは、北東に佐和山、西南に六月に行った荒神山、目の前は琵琶湖どす。

佐和山には、石田三成のお城があり、関ヶ原で破れて、井伊直政の居城となりました。

そして移ったのが、彦根城どす、十四代続きました。

いつも、思てたんどす、西の備えの姫路城は、池田輝政が中興の祖でそれ以降本多・榊原・酒井等譜代が順に入らはったのに、彦根は、井伊オンリー、その上、市長さんも井伊さんの時がありました。直愛さんで、奥様の文子さんは、琉球から嫁いで来られ、歌を詠んだり、本を出したりしたはりました。

大河ドラマの一作目は、井伊直弼を描いた「花の生涯」。作者は舟橋聖一、主演は尾上松緑、長野主膳は佐田啓二、村上たか女は淡島千景どした。

又、四、五年前は「おんな城主直虎」がありました。直政は、直虎の養子という説もあり、そのあと下屋敷の玄宮園へ廻り、ゆったり散歩しつつ、お城と池面に映るお城を、色々な時代の人が、どういう気持で見上げたはったんやろう、と思いました。ちょっと足を伸ばし、佐和山山麓の清凉寺と、龍潭寺へ。両方、井伊家の菩提寺と、書いてあったんどすけど、お墓は清凉寺にありました。龍潭寺の横に、佐和山登り口があり、運転手さんの話では一時間かかる、とのことでした。小山登りと山裾歩きの私には無理どっしゃろね。

そやけど、ひよっとしたら、登りましたえ便りが、届くかもわからしまへん。

令和三年十月　コンサートと上高地

十月末日、尾高忠明指揮の大阪フィルと、小山実稚恵のピアノ演奏会を聴く為、久しぶりにコンサートホールに、足を運びました。

夜に仕事をしている者にとって、音楽が一番遠おす。

ピアノ協奏曲も交響曲も、力強く優雅で良かったけど私が一番感動したのは、ピアノのアンコール曲「エリーゼのために」どした。

音がきめ細かく、これ以上無いという程滑らかで、ちょうど席が手が見える所やったんで、震えるような指先から発する音に、感動しました。

普段聴くのとは、大違いどした。

中高生の頃、クラッシック好きの同級生に誘われて、京響を聴きに京都会館に行ってました。初代の常任指揮者はカール・チェリウス、この方が京響育ての親で、二代目の外人さんの時にもめて、三代目は森正《もりただし》どした。

帰りに、今は細見美術館になっているとこに、ルレ・オカザキという喫茶店があり、コーヒーを飲んで、大人になった気分になっていました。

十月はどこも出かけへん？と、言う事はあらしまへん。一番遠くに行ったのが、連休のはずが普通に戻った十、十一日、毎度おなじみの、上高地一泊どした。上高地に行ったのは十数回（現地三時間の日帰り三回含む）河童橋の奥の奥、徳澤園に泊ったのが六回、今回は帰りに、足に余裕があったので、明神からは梓川の対岸の木道を歩いたのがよろしおした。一杯いい景色を見て、心豊かに帰って来られました。

いつも、いいとこ見つけてくれはった外人さんに、感謝感謝と歩いてますし、私のつたない手紙を、読んでくれはるお客さんにも、感謝感謝感謝、ほんまどすえ。

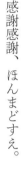

令和三年十一月　和歌山おでかけツアー

紅葉の話題が遠のいた昨今、私の目に焼き付いているのはお隣りの県と、その向こうの県の紅葉どした。京都では、鞍馬から貴船に下った折の、鞍馬寺山門前の紅葉ぼかしがきれいどした。

奈良は葛城古道。和歌山は、お客様有志と行った知子ツーリストのお勧め丹生都比売《にうつひめ》神社・粉河《こかわ》寺・根来《ねごろ》寺どす。

京都駅からバスで南下、立ち寄り先は、藤原京跡、平安京の百年前、六九四年飛鳥から、遷都された都どす。

大和三山、畝傍、耳成、香具山に囲まれ、平城京までの短い都どした。

お弁当とお飲物を乗せたバスは、さらに南下。紀ノ川沿いを西へ、世界遺産の丹生都比売神社へ。丹生都比売の女神様は、真っ赤のもみじの衣裳着て、私達を迎えてくれはりました。楼門本殿鳥居太鼓橋も朱に染めて？

前回寄せてもろた時は、運良う御田祭《おんださい》やって、素朴でユーモラスな味わいに、もう一ヶ所行くのを忘れて見入りました。

「知る」は楽しい事やと思いながら、帰って来たのを憶えています。

その後、粉河寺と根来寺を、訪れました。今、多宝塔に興味があり、根来寺のが横綱かと思います。中に入れるのはここだけどす。

高野山の金剛峯寺も立派で、こちらは張出横綱かと思います。根来は、戦国時代の根来衆の根来であり、根来塗もありますねえ。

もうすぐお正月、お世話になっているかもわからしまへんね。

令和三年十二月　鹿児島

令和四年、コロナ丸二年、「お」ミクロンさん、おとなしいしといとうくれやっしゃと思う年始めどす。

今年も、人口密度の少ないとこと思いながら、出かけさしてもらいました。

北は、念願の青森・三内丸山遺跡、今年最後の旅は従弟の娘が薩摩焼の、沈壽官さんの所に居るもので、鹿児島。

正門に、韓国と日本の国旗が並んで、迎えてくれました。両国の間も、このようであれば、良ろしおすのにねぇ。

文禄・慶長の役（向うから見れば倭乱）の際、薩摩藩主が連れ帰った八十名の陶工より始まり、十五代目まで四百年の、努力の結晶が素晴しい作品を生みました。網目状の物はどうして作り、どうして焼かはるにゃろと見てるだけで、どきどきしました。

薩摩焼の余韻を胸に、仙巖園（磯庭園）へ。桜島はちょっとの

モクモクで私達を見下し、私達は、お屋敷、庭園より、見上げながら歩きました。

二日目は坊津《ぼうのつ》へ。私は遣唐使の出入りや、鑑真さんが降り立たはったんは、博多やと、思い込んでました。

違うという事を夏位のテレビで知り、その前で、へえーと叫んでいました。

行って見て、ここからどんな想いで、大海原に漕ぎ出さはったんやろ、思えば、海の色も土地も、違ごて見えました。もう一度行き、海際まで下り立ちとおす。

台風の名前にもなっている、枕崎にも足を延ばし、夕闇迫る伊丹に降り立ちました。

新年は、地上で迎えますけど、初日の出は富士山上空どす。

お空のご機嫌が、気になりますにゃわ。

令和四年一月　富士山フライト

「初日の出と富士山の遊覧」と言うツアーに、参加させてもらいました。新しい年は、中部国際空港セントレアのホテルで迎え、明け方、金色の小型機で飛び立ちました。

しばらくすると、赤い帯状の地平線が、次に太陽、次に富士山が見え、近くはないけど、三周してくれはったので角度によって、富士山の肩から出て来るように、見えました。「富士山の初日の出」どす。

五年程前、本物の初日の出と、池に映る初日の出の、ダブルダイアモンドを見た事が、ありました。その時の手紙は、年始の話題になりました。

今年、富士山を廻った飛行機は四機で、機長さんは、一番くじを引いたと言うたはりました。副操縦士さん共々、よう説明してくれはって。

南アルプス、中央アルプス、濃尾平野、京都上空を廻り神戸空港に戻りました。山並は雪を筋状にかぶり、襞を引きたたせていましたし、木曾三川はくっきり、地図そっくり（？）に見えました。

それを次の日テレビでもしてはって、木曾川と長良川の間に、一部堤を作り分けはったこと、水位が違う所では閘門《こうもん》を作りミニスエズ運河のように、行き来してはったと上から見た直後やったので、見入ってしまいました。

今年は寅年、信貴山朝護孫子寺に、お参りしました。又、お座敷遊びで、とらとらと言うのが、あります。

賑やかに、できる年になりますように、心から願う日々どす。

令和四年二月　和泉の水間寺

寅年が歩き出した一月末、和泉の水間寺に、お参りさせてもらいました。難波から南海で貝塚へ、水間鉄道に乗り換えますねん。

昨秋、瀬戸内寂聴さんが、亡くならはりましたやろ。その寂聴さんを得度へ導かはったのが、水間寺の貫主を十二年したはった、今東光さんやったんどす。

大昔、瀬戸内晴美さんと、出家後の寂聴さんの講演会を、聞いた事がありました。晴美さんの時は『美は乱調にあり（大杉栄と伊藤野枝）』『田村俊子』『かの子撩乱』（岡本太郎母）を、出さはった直後かと思います。

着物で、髪は頭のてっぺんにまとめ、頬紅をパンパンとつけて、張りのある声で話さはりました。寂聴さんにならはってからの、講演では初めキリスト教の牧師さんのとこへ、相談に行かはったけど若過ぎて人生相談を受ける事になってしもたと。次に行かはったのが、前述の今東光さんとこどした。今東光さんは、心境がようわかったはって「急ぐにゃなあ」と言わはったとか。

こんな時でも、ビニール越しの観音さんは、有難い事あらしまへんので、たのんで内陣に入れてもらい、お顔を拝みながら「世界平和」を祈りました。ほとんどが、車で来られているので、駅までとぼとぼ歩いているのは私一人。そんな時向こうから、選挙カーが来ました「大阪府知事吉村です、市長選には○○さんを」との声、テープかなぁとボーっとしていたら、本物どした。

しばらくしたら、その車が戻って来ました。今度は軽く会釈して「京の都からやって来た者、地元民や無いので一票入れられしまへん、すんまへん」と、心の中で言いました。我が知事さんは、この方の右へならえしゃはりますもので、普通の隣の知事さんより親しみを感じます。帰路、岸和田のだんじり会館に寄り、動いているとこを見たいなあと、思いながら祇園四条駅で降りました。

令和四年三月　此花

某新聞の記事で、興味を持った大阪・此花区伝法に、出かけてみました。

京・阪・神の京《けい》に住んでいる私には、縁の薄い阪神の駅やので、どうして行こかと考えて、先ず「なんば」に出て、阪神に乗り換えました。「なんば」「難波」駅って、いくつあるのか、知っといやすか？

私鉄は、南海・近鉄と阪神は同じ駅、地下鉄は、御堂筋線・四ツ橋線・千日前線、そしてＪＲで六つ。他にもあるかも、わからしまへんけど。

その日は阪神に乗り、駅名を確かめつつ、辿り着きました。

記事には、大阪湾で漁業をする船があると、書いてあったんやけど郵便屋さんに聞いても、見かけないとの事、堤に上りましたら、幅の広ーい川と、長ーい新伝法大橋が見えました。

川は淀川、もし四条大橋から、笹舟を浮かべ、それが転覆しいひんだらここへ流れつくにゃなぁと思うたら、ちょっと、嬉し

くなりました。

澪標《みおつくし》住吉神社、イカリソース跡地、鴻池組創業の地で、建物とお住まいが残っていました。船の出入りや、海産物を商う店で、賑わってたんどっしゃろね。

そのあと、阪神本線に乗り換えて神戸元町へ、改装しはった大きなお菓子屋さんで、カロリーアップも考えずショートケーキを頂きました。

美味しおした。満足・満足と、京㊖神㊍行に乗って、帰って来ました。
後日、京都のデパートで見た、そのお店のショートケーキは、はさんである苺が本店より厚く感じました。すぐ食べるのと、持ち帰るのとの、違いのように思いましたけど…やっぱり、もう一度、行って、確かめんと。

令和四年四月　奈良

奈良平野を流れる川達は、お散歩しながら、大和川に集合しますにゃて。大阪との県境には、生駒、信貴、二上、葛城、金剛の山々が並び、大和川は、信貴山と二上山の間を、大阪側に流れます。そこを、亀の瀬と言うそうどす。

その南側で、二上山の北の、明神山に登りました。

ＪＲ法隆寺の次の駅、王寺で降り住宅地の中にある登り口へ、私ですら休みなく四十分で頂上、と言っても、標高二七三・六メートル。なぜそこへ？某新聞に、世界遺産が五ヶ所見えると、書いてあったもので…

快晴やったらよろしおしたんやけど、時雨てたもんで、若草山麓の東大寺大仏殿の甍が、見えた位で。近くの法隆寺、東に大和三山それに囲まれている藤原京、その南の飛鳥、西には、大山古墳を代表する百舌鳥、古市古墳群がすっきりとは、いかしまへんどした。

晴れた日にもう一度、来なあかんなと、思いながら下りて来ました。その後、龍田大社、龍田川、龍田神社、藤ノ木古墳を経て山から見えたような法隆寺へ。龍田は、百人一首在原業平の「ちはやぶる神代もきかず龍田川」の地、紅葉の時きれいどす。後日亀の瀬の、緑が見えへん斜面が気になって柏原（大阪）の歴史資料館へ、行ってみました。数万年前からの地滑り地帯で、昭和の初めには、トンネルも飲み込んでしもたらしおす。

防止工事に、大変なお金かけてしたはるそうで、土砂くずれで大和川が埋まったら、奈良盆地は水びたしやし大阪側も土石流が流れ込み、大変な被害になるとか。そやけど大阪奈良間の峠のうち、一番高低差が少なく、近頃、お財布でお目に掛れへん聖徳太子様も、馬で通らはりましたやろね。

あとがき

つたない文書を読んでいただいて、おおきに
私が手紙をお送りするうちのお客さんは、二度読んでもろたことになります
そやけど全部読まはった方は、おいしまへん。
目を通して頂いて感謝・感謝どす
今年の都をどりは百五十回を迎え、D百貨店で都をどり展がございました。
その十年前はT百貨店であり、その時うちの出たての舞妓が寄せてもらい
ポスターの前で写真を撮りました。そのポスターは手紙に書きましたように
作詞・吉井勇　監修・谷崎潤一郎　絵・堂本印象の、この回しか無いものどした。
手紙には三十三年と書きましたけど、当然昭和どす。
私は小学校二年か三年、出番の日は学校を休んでました。
それが通ってたんどすね。写真を捜して手紙にしましたところ、好評やったので続け

ることになったんどす。
ある大学の先生に聞かれました。出かけたいのが先？手紙書きたいのが先？と、うー
んと言い、どちらが先やろと思いながら出かけ、書いておりました。
ところが昨年は出かけるのに熱心なあまり、手紙の回数が追い付かず
「手紙が来なくて寂しいやん」との声を聞いて、出かけるのが先と気づきました。
と言うことで平成二十六年（二〇一四）から、九年分の物ということどす
写真家で本の企画をされている、メディアプレスの岡村啓嗣さんと
お話ししている時に、手紙を本にしたいと申し上げましたら、
青磁社の永田淳さんを紹介下さいました。お商売は忙しくないのに、
なぜか私はいつも忙しく校正も、お友達の中野章子さん
京都検定一級を何年も続けている青柳友香さんに頼り、
まだなのと言う、お客様の声に押され、都をどりで忙しくなる四月が迫るなか、
やっとあとがきらしいものを書いております。
私は昨年九月セブンティーンならぬセブンティセブンになりましたので、
もう一冊できても小冊子位でしょうし、勇気を奮ってお願いした次第どす。

朧谷壽先生（私の母校の先生どすけど、この歳やので時代が違います）に帯を書いて頂いてからでも随分経ちます。そやけど、第一の功労者は一年何ヵ月気長に待ち続けて頂いた、永田さんではないかと思いながら、
あとがきの筆を置かせてもらいます
皆様ほんまにおおきに。この本をどうぞよろしい、おたの申します

福嶋　知子

韋駄天女将のお出かけ記

初版発行日　二〇二四年六月十日
著　者　福嶋知子
京都市東山区祇園町南側五七〇（〒六〇五-〇〇七四）
定　価　一八〇〇円
発行者　永田　淳
発行所　青磁社
京都市北区上賀茂豊田町四〇-一（〒六〇三-八〇四五）
電話　〇七五-七〇五-二八三八
振替　〇〇九四〇-二-一二四二二四
https://seijisya.com
装　幀　上野かおる
製本・印刷　創栄図書印刷

ISBN978-4-86198-594-2 C0095 ¥1800E